AF470013

VENTE

des Lundi 9, Mardi 10, Mercredi 11, Jeudi 12, Vendredi 13 et Samedi 14 Février 1914

à PARIS, HOTEL DROUOT Salle nº 12 (au rez-de-chaussée)

à 2 heures precises

CURIOSITÉS MILITAIRES

DE LOUIS XIV A 1870

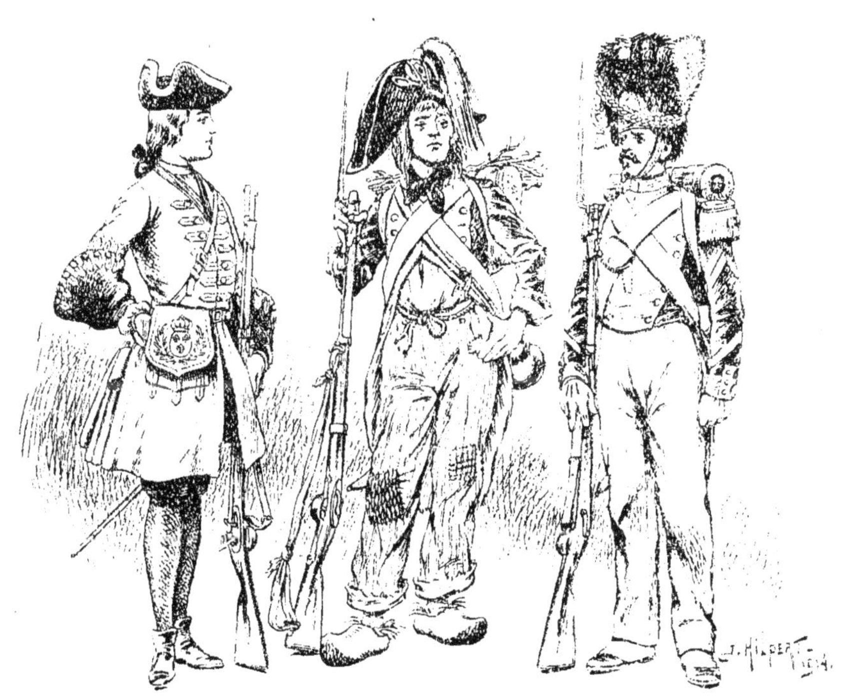

Collection S. G.

COMMISSAIRE-PRISEUR

Me GASTON FRANCOIS

EXPERT

M. HENRI DEFONTAINE

Collection S. G.

CURIOSITÉS MILITAIRES

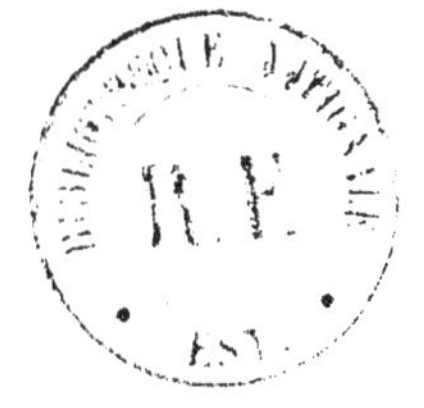

CATALOGUE

DE LA

Collection S. G.

CURIOSITÉS MILITAIRES

DE LOUIS XIV A 1870

(mais intéressant surtout la période de 1789 à 1815)

consistant en : **ARMES D'HONNEUR**

ARMES BLANCHES — ARMES A FEU PORTATIVES — COIFFURES
UNIFORMES — CUIRASSES — GIBERNES — SABRETACHES
ÉPAULETTES — HAUSSE-COLS — CEINTUROS — BOTTES, ETC. ETC.

et dont la vente aura lieu

aux enchères publiques à Paris

HOTEL DROUOT — Salle N° 12

LES LUNDI 9, MARDI 10, MERCREDI 11, JEUDI 12, VENDREDI 13 & SAMEDI 14

FÉVRIER 1914

à deux heures précises

Commissaire-Priseur :

Me Gaston FRANÇOIS

23, rue Le Pelletier, 23

PARIS

Expert :

M. Henri DEFONTAINE ✠

75, rue Vasco de Gama, 75

PARIS

chez lesquels se distribue le présent catalogue.

EXPOSITIONS

PARTICULIÈRE : le Samedi 7 Février 1914 } de 2 à 6 heures.
PUBLIQUE : le Dimanche 8 Février 1914, } de 2 à 6 heures.

CONDITIONS DE LA VENTE

La vente sera faite expressément au comptant.

Les acquéreurs paieront *dix pour cent* en sus des enchères.

L'exposition mettant le public à même de se rendre compte de l'état et de la nature des objets, aucune réclamation, pour quelque cause que ce soit, ne sera admise une fois l'adjudication prononcée.

L'Expert se réserve, dans l'intérêt de la vente, le droit de diviser ou de grouper un certain nombre de numéros du catalogue.

L'Expert chargé de la vente remplira aux conditions d'usage, les ordres qui lui seront remis.

Les objets mis en vente portent des numéras d'ordre.

Les numéros rouges sont les seuls qui correspondent à ceux du Catalogue et les noirs ne comptent pas.

L'ordre des vacations sera affiché dans la salle les deux jours d'Exposition.

PRÉFACE

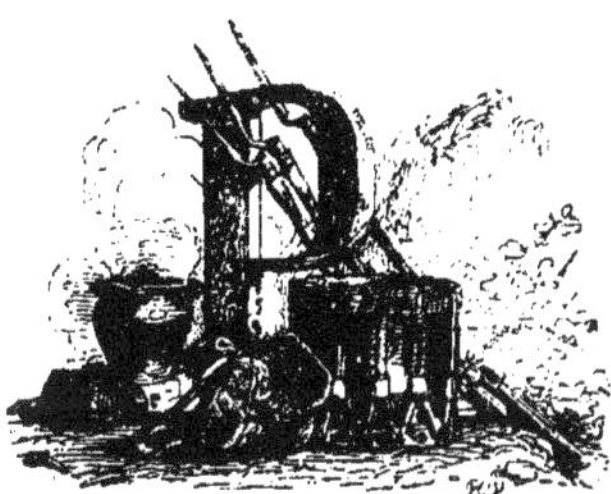

POURQUOI, Monsieur l'Expert, votre catalogue n'est-il pas illustré! Prétendez-vous donc nous imposer la lecture ardue d'une aride compilation, sans nous donner au moins la reproduction des principaux objets d'une aussi vaste collection que celle que vous nous offrez! Vraiment, nous hésitons à commencer une lecture qui ne présente rien d'attrayant sans illustrations!

Messieurs, vos arguments paraissent si bien fondés *a priori* que je perçois d'avance vos réclamations en vous remettant ce catalogue; aussi cette préface a-t-elle pour but de répondre à ce que vous pouvez penser une lacune regrettable, et vous donner les motifs de cette abstention justifiée.

L'esprit qui a présidé, en effet, à la réunion de cette collection vraiment considérable, a été celui de réunir la plus grande quantité d'objets documentaires intéressant l'histoire des armées françaises depuis le règne de Louis XIV, jusqu'à la fin du second Empire : c'est-à-dire depuis la réglementation officielle de l'uniforme militaire jusqu'à la fin des armées de métier, et de traduire ainsi, en fait, dans toute la force et l'éloquence de la réalité, le beau livre d'Henri Bouchot, illustré par Job : L'ÉPOPÉE DU COSTUME MILITAIRE FRANÇAIS, dont les pages étaient présentées d'une façon vivante et saisissante aux murs des salles où s'étalait cette collection à la gloire de nos armes! Or, la qualité et la variété des objets qui vont être dispersés étant ici en rapport avec leur nombre, s'il avait fallu établir un choix, celui ci eût été difficile, car si certains brillent par leur rareté, d'autres par leur beauté, tous présentent à l'amateur un intérêt égal, *et la médiocrité ici devient l'exception qui confirme la règle.* Certes nous savons que les prix de chacun des objets aujourd'hui offerts en vente, présenteront des écarts sensibles, mais ceci n'est qu'une preuve que grands, moyens et petits collectionneurs vont trouver dans cette réunion unique d'objets d'époques si différentes, une occasion exceptionnelle de combler les lacunes de leurs collections et réaliser ainsi leurs rêves les plus chers, mais à une condition....

.... A une condition, c'est qu'ils veuillent bien se donner la peine de lire attentivement ce catalogue, qui suppose chez ceux auxquels il s'adresse, les connaissances générales que chacun peut posséder aujourd'hui dans la matière, grâce à quelques ouvrages classiques (ou du moins que l'on peut qualifier tels), et ceci fait qu'ils viennent à l'exposition, de façon à se rendre compte que tous les objets, classés dans un ordre à la fois chronologique et logique, répondent bien à leur description.

Nous pourrions, sur un ton dithyrambique, vanter ici les mérites de telle pièce, citer par exemple l'intérêt qu'offrent le sabre glorieux d'un Desaix et le cimeterre admirable d'un Lasalle; nous préférons donner aux amateurs le plaisir de découvrir eux-mêmes ces trésors, accompagnés de bien d'autres, dans ce catalogue. Aussi, comme la vue d'un objet est toujours plus parlante que sa reproduction, avons-nous jugé, en fin de compte, plus utile d'offrir une journée d'exposition *privée*, sur cartes, suivie d'une autre exposition publique, aux amateurs de curiosité militaires. Amateurs et marchands y trouveront mieux leur compte, nous l'espérons du moins, qu'en une série de réductions photographiques plus ou moins bien venues, et forcément réduites. Enfin, si certaines erreurs se sont glissées dans la rédaction du catalogue, nous pourrons les signaler au fur et à mesure des vacations. Nous avons fait de notre mieux, mais nous tenons à faire remarquer que nous n'avons pas le privilège de l'infaillibilité.

Sous le monogramme S. G. se cache un collectionneur averti, qui, aidé par une grande fortune, voulut, voici dix ans, réaliser le rêve de passer en quelque sorte la revue de nos anciennes armées, après en avoir réuni chez lui les reliques qu'il avait groupées et classées dans une suite d'appartements où chaque époque de nos gloires militaires avait sa salle, et où se trouvait réalisée cette épopée de nos costumes militaire dont nous parlions plus haut.

Pour y arriver, il fallait faire place aux costumes militaires à côté des armes, aux accessoires divers de l'uniforme, à côté des coiffures et des objets d'équipement.

Tout dans cet ensemble a été étudié avec un soin jaloux, contrôlé et enfin classé en des séries qui font de la collection offerte aujourd'hui en vente, une œuvre d'érudition et de patience, et lui donne les allures d'un petit ***Musée de l'Armée*** qu'on voudrait voir acheter en bloc par l'une ou l'autre de nos grandes villes où ces trésors patriotiques font défaut, et où elle serait si bien à sa place.

Mais le collectionneur est, (beaucoup l'avoueront) un être capricieux, on l'a dit souvent et nous le croyons bien; notre amateur ne diffère pas des autres à cet égard; aujourd'hui, sa passion est satisfaite, et ses goûts lui demandent la réalisation d'un autre rêve déjà ébauché, tandis qu'il sacrifiait encore à ses amours pour les armes et les uniformes; c'est pour y donner satisfaction qu'il disperse aujourd'hui ce qui lui coûta tant de peines et de soins à réunir, comme auparavant il dispersa une riche collection de céramique ancienne pour s'adonner tout entier à la formation de la présente collection de curiosités militaires. Bien mal informés seraient cependant ceux qui l'accuseraient de versatilité, en l'indiquant comme infidèle à lui-même; ceux qui le connaissent savent bien, au contraire, que son caractère a passé au même creuset que celui d'où sortirent ces admirables lettrés de la Renaissance, dont l'histoire des lettres a résumé les noms dans une appellation unique autant qu'immortelle : *la Pléiade.* Nous sommes le premier à regretter de n'en pouvoir dire davantage.

Avant de terminer cet avant-propos, prévenons ceux qui voudront bien se donner la peine de poursuivre la lecture de ce catalogue qu'ils trouveront quelques attributions que nous ne pouvons à notre grand regret justifier plus amplement. Certains objets, en effet, proviennent d'échanges, parfois même de dons, et nous ne pouvons faire entrer ici les noms des premiers possesseurs, que cette publicité effraierait non sans raison. Disons cependant que beaucoup de ces objets ont été trouvés dans la région du Nord, d'autres proviennent d'amateurs célèbres ou de collections récemment dispersées.

Nous appelons enfin tout particulièrement l'attention des amateurs sur la quantité et le choix des uniformes à vendre et dans lesquels il y a des séries à peu près complètes de tous les types d'un même costume, ainsi que des ensembles intéressants et qu'il est déjà difficile de reconstituer. Chacun sait qu'ils deviendront de plus en plus rares, certains collectionneurs achetant les vêtements pour en enlever les boutons, sans se soucier après cette opération du vêtement lui-même, devenu ainsi d'une valeur infime et appelé à disparaître aussitôt.

Dans quelques années, les peintres militaires ne pouvant plus en trouver, les uniformes feront prime sur le marché; aussi tenons-nous à signaler l'intérêt des vêtements que nous offrons ici. D'aucuns ont été portés par d'obscurs héros, qui les usèrent sinon du Caire à Vilna, du moins de Lisbonne à Moscou, et en dressant leur inventaire, nous ne pouvions nous empêcher d'entendre comme les échos d'une trompette guerrière, les vers si beaux parce que simples, comme l'air sur lequel on les chantait, de Béranger :

De quel éclat brillaient dans la bataille,
Ces habits bleus par la Victoire usés.

L'Expert.

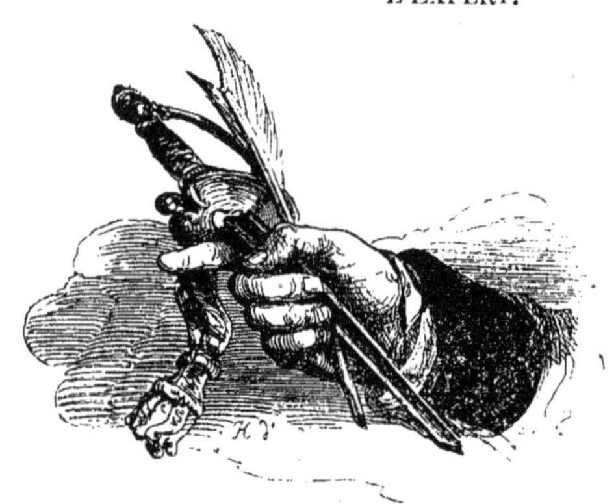

ARMES BLANCHES

ANCIEN RÉGIME

1 — Sabre d'officier de cavalerie, époque Louis XV. Garde en cuivre à quatre branches légères et enroulements; plateau découpé à jours. Belle lame droite gravée : Armes de France sur un trophée de drapeaux et le mot *Cavaliers — Vive le Roy — Cavaliers.* (Ne figure pas dans *Bottet*, l'arme blanche).

2 — Epée sabre de la cavalerie. Garde en cuivre à une branche. Lame se terminant en double coquille. Lame droite à deux tranchants, avec inscriptions : *Vive le Roy — Cavaliers.* Soleil. Ecu de France, *Cavaliers.* Soleil.

3 — Sabre d'officier de gendarmerie. Garde en cuivre à cinq branches et enroulements; lame gravée, fourreau cuir et cuivre. Belle pièce.

4 — Sabre de gendarmerie. Garde en cuivre et lourde coquille, fourreau cuir.

5 — Sabre ou forte épée de cavalerie, modèle 1733. Garde en cuivre à une branche, belle lame à double tranchant, légère gravure, en filets de cuivre incrustés.

6 — Sabre de cavalerie, époque Louis XV; lame à double tranchant gravée : Armes de France et *Vive le Roy.* Garde en cuivre à double coquille et à deux branches, pommeau rond.

7 — Sabre de dragon, époque Louis XV. La lame gravée. Sur la garde, on lit : *2e régiment de dragons, 2e compagnie, cap. Forel. W. V.* (Voir la Giberne, t. XI, p. 164).

8 — Sabre de dragon, époque Louis XVI. Garde en cuivre à trois branches et coquille, ornée d'un trophée d'armes en relief. Lame gravée avec les mots: *Dragons... de l. bo...* (très effacés), fourreau cuivre.

9 — Sabre de dragon, semblable au numéro précédent, mais sans inscription sur la lame et sans fourreau.

10 — Espadon de dragon, sous Louis XIV. Garde en fer à branches multiples formant panier. Sur la lame l'inscription : *Régiment de Conty*, les armes du Roi et le mot : *Cavalerie*. Très beau.

11 — Sabre de tambour du régiment de Condé-dragons. Garde en cuivre à deux branches et double coquille, avec inscription : ***Tambour du régiment de Condé.*** La fusée a perdu sa garniture.

12 — Sabre d'officier de dragons, modèle 1750. Garde à deux branches en cuivre, lame courte, gravée (trois fleurs de lys), fourreau cuir.

13 — Sabre-épée de grosse cavalerie. Garde en cuivre, en forme de claymore, lame droite avec inscription : *Vive le Roy* — ***Manufacture royale d'Alsace*** — et fleur de lys.

14 — Sabre-épée de grosse cavalerie. Garde en fer à deux branches reliées par une troisième; lame plate, marque : tête d'homme.

15 — Sabre de cavalerie, très long et très courbe. Garde à trois branches, formant coquille, quillon droit; fourreau cuivre, à belières ornées. Belle pièce.

16 — Sabre de hussard. Garde à une branche en cuivre, fleur de lys gravée sur la lame, marquée *Klingenthal*, et poinçons, fourreau cuir.

17 — Sabre de fantassin, époque Louis XIV, de type très exceptionnel. Garde en acier bleui, à deux branches, dont l'une s'élargit en plateau et l'autre en coquille, fusée garnie en cuir rouge; lame courbe en forme de cimeterre, en partie bleuie et gravée.

18 — Sabre d'officier du régiment de Bretagne-Infanterie. Lame avec inscriptions : ***Pro honore Deo et Rege,*** fleur de lys — ***Potius mori quam fœdari,*** hermine; fourreau cuir.

19 — Sabre d'officier du régiment Dauphin. Garde en cuivre à enroulements avec un dauphin. Décor gravé.

20 — Sabre d'officier d'infanterie. Garde en cuivre à branche mobile; fourreau cuir garni de cuivre, à belières et bouton.

21 — Sabre d'officier. Même type, large lame.

22 — Sabre d'officier. Garde à trois branches se réunissant en coquille ajourée. Belle lame demi-courbe.

23 — Sabre d'officier, époque Louis XVI. Garde à une branche s'élargissant en plateau ajouré, pommeau en tête de lion. Traces de dorure. Large lame très légèrement courbe.

24 — Sabre d'officier, époque Louis XVI. Garde à branche mobile, large lame très légèrement courbe.

25 — Sabre d'officier des gardes françaises. Garde en cuivre à une branche, terminée par une double coquille; fusée torse, lame gravée.

26 — Sabre d'officier d'infanterie, époque Louis XVI. Garde à une branche, pommeau en tête de lion, lame gravée, portant les armes de France sur un trophée.

27 — Sabre d'officier d'infanterie, modèle 1785. Garde en cuivre à une branche, pommeau en tête de lion.

28 — Sabre d'officier d'infanterie. Garde à une branche plate en cuivre; fourreau cuir.

29 — Sabre du régiment des gardes suisses. Lourde garde en cuivre à branches, et coquille en palmette; lame plate avec inscription : *Régiment des gardes suisses. Compagnie de... n°...*

30 — Sabre de fantassin. Garde à branche mobile; large lame gravée, fourreau cuir, garni en fer et en cuivre.

31 — Epée-sabre d'officier. Garde à enroulements (type dit de mineur) et plateau ajouré; large lame droite, gravée (soleil, têtes de guerriers, etc.).

32 — Epée d'ordonnance de garde du corps, époque Louis XV. Garde en cuivre à une branche, pas d'âne et double coquille; beau pommeau octogonal, lame à quatre pans; fourreau cuir. (Une arme semblable porte la devise : *Vive les gardes du corps*).

33 — Sabre-épée. Garde en fer, dite claymore, en service dans la maison du Roi. Lame droite à deux tranchants, avec le nom deux fois répétés dans la gouttière, *Nicolas Cattaro.*

34 — Sabre de tambour, de garde de la porte. Epoque Louis XV. Garde à trois branches formant coquille, avec fleur de lys ajourée, lame gravée, écu de France, clefs en sautoir et les mots : *Custodes regum antiquiores.*

35 — Sabre de chasseur d'infanterie. Garde à trois branches formant coquille avec un cor de chasse.

36 — Sabre de mineur. Garde en cuivre à enroulements, fourreau cuir.

37 — Sabre de grenadier, dit petit Montmorency 1788. Garde en cuivre à trois branches formant coquille, ornée d'une grenade avec trois fleurs de lys; fourreau cuir.

38 — Sabre-briquet du régiment d'Horion (infanterie liégeoise) au service de France. Poignée cuivre, garde à trois branches, fusée torse.

39 — Briquet d'infanterie, époque Louis XV. Garde en cuivre à deux coquilles et une branche, fusée torse.

40 — Sabre d'officier d'infanterie, régiment étranger au service de France. Epoque Louis XVI. Lame gravée, armoiries couronnées et *Vive le Roi.*

41 — Sabre-briquet d'infanterie. Garde cuivre, fusée en cuir. Sur la lame n° 69. Infanterie suisse au service de France. (V. Tenues des troupes de France, I, 25).

42 — Sabre à lame de briquet, marquée n° 41. Garde en cuivre à une branche, oreilles et quillon droit.

43 — Sabre d'infanterie. Garde en cuivre à trois branches, large lame.

44 — Sabre-briquet d'infanterie, grenadier. Garde en cuivre à une branche, demi-oreilles, lame gravée avec inscription : *Grenadier*, grenade et deux L — *Manufacture royale d'Alsace*, grenade.

45 — Sabre de grenadier. Lame gravée : *grenadier*, double L et XV, grenade. Sur le dos de la lame : *Manufacture r[le] d'Alsace*. Lame montée avec une poignée bois noir sans garde.

46 — Sabre-briquet. Quillons en S, lame gravée : une grenade et *grenadier* — grenade et deux L croisées.

47 — Sabre-briquet de grenadier avec baudrier, cuir noir

48 — Sabre-briquet de grenadier. Variété à oreilles, lame de grenadier, bien gravée.

49 — Sabre d'officier d'artillerie, époque Louis XVI. Poignée en tête d'aigle, lame droite et large, bleuie et gravée, aux armes de France avec la marque : *Coullier, fourbisseur de la maison du Roy, rue S. Honoré, n° 574, à Paris*, fourreau cuir, garniture cuivre à bout rond. Très beau.

50 — Sabre d'officier d'artillerie, même type, lame gravée, sans nom de fourbisseur, fourreau cuir.

51 — Sabre-épée de marine. Lame longue et large, datée 1748 et marquée de deux ancres. Garde en cuivre à une branche se terminant en double coquille.

52 — Sabre d'abordage, modèle 1783. Garde à trois branches en cuivre, lame courbe, très large, marquée : *lame de France*, poinçon ancre; fourreau cuir.

53 — Sabre de sapeur.

54 — Epée d'infanterie, sous-officier. Garde en cuivre à pas d'âne et double coquille, fusée torse. Epoque Louis XIV.

55 Epée d'officier, dite à la mousquetaire, modèle 1767, réglementaire. Epoque Louis XV.

56 — Epée d'officier dite à la mousquetaire. Modèle 1767. Epoque Louis XV. Garde en fer doré, à pas d'âne et double coquille.

57 — Epée d'officier. Garde d'acier à pas d'âne et double coquille. Lame gravée avec figure de guerrier à l'antique et le nom *Scipio*. Epoque Louis XIV.

58 — Epée d'officier. Modèle 1788. Garde en cuivre doré à quillons droits et coquille en plateau. Epoque Louis XVI.

59 — Epée d'officier. 2e moitié du 18e siècle. Garde à une branche, double coquille et quillon droit, fourreau cuir.

60 — Epée de ville d'officier de dragons, époque Louis XV. Garde en argent, lame à six pans, ornée d'une armoirie et portant les mots : *Vive le Roi — pour cavalerie et dragons*. Belle pièce.

61 — Epée d'infanterie époque Louis XV. Garde en cuivre à pas d'âne et double coquille. La fusée en mauvais état.

62 — Epée de ville époque Louis XIV. Belle garde à une branche se dédoublant pour former une fausse coquille. Lame à quatre pans légèrement gravée.

63 — Epée de ville de dragon. Garde en cuivre, décor ajouré. Lame avec inscriptions : *Vive les Dragons de la Reine — Philippon, fourbisseur du Roi, rue Grasse (?) à Turin.*

64 — Sabre-épée d'officier, époque Louis XVI. Garde à une branche, s'élargissant en double coquille. Sur la lame : *Marc Petit, marchand fourbisseur de la maison du Roi, au bas du pont Saint-Michel à Paris — Vive le R....*

65 — Epée de ville règlementaire d'officier. Poignée en cuivre, garde à une branche, quillons droits, coquille double. Lame triangulaire, marquée *J. Stamm à Solingen.*

66 — Epée d'officier époque Louis XVI. Garde en cuivre à quillons droits et double coquille en plateau. Lame gravée.

67 — Epée de ville. Garde cuivre doré à une branche, pas d'âne et deux coquilles. Epoque Louis XIV.

68 — Epée de ville, époque Louis XV. Garde cuivre doré, à une branche, pas d'âne et double coquille, ornée de rocailles. Belle lame gravée.

69 — Epée de ville, époque Louis XV. Belle garde argent, décorée de rocailles.

70 — Epée de ville, époque Louis XV. Garde en fer à pas d'âne et double coquille. Marque *Solingen*.

71 — Epée de ville, du régiment Dauphin. Garde en fer gravée, à pas d'âne et double coquille, ornée en plusieurs endroits de figures de Dauphins. Très belle.

72 — Epée de ville de garde du corps. Garde en argent à une branche, pas d'âne et double coquille; pommeau orné d'un soleil.

73 — Epée de ville, époque Louis XIV. Garde en cuivre à pas d'âne et double coquille.

74 — Epée de ville, époque Louis XIV. Garde en cuivre, à une branche, pas d'âne et double coquille, ornée. Lame à 6 pans, gravée, avec nom de fourbisseur (illisible).

75 — Epée de ville, époque Louis XVI. Garde en argent richement décorée.

76 — Fer d'esponton, la lame gravée avec les armes de France et des armoiries, surmontées d'une couronne comtale.

77 Couteau de chasse, avec pistolet fixé à la lame. 18e siècle. Fourreau cuir brun.

78 — Couteau de chasse, époque Louis XV. Coquille ornée d'une scène de chasse en relief. Belle lame gravée.

79 et 80 — Réservés.

81 — Sabre d'officier de grenadiers d'infanterie. Louis XVI.

A partir de 1781, le sabre a constitué une distinction extra-réglementaire pour les officiers des compagnies d'élite d'infanterie (grenadiers et chasseurs).

82 — Sabre de sapeur de grenadiers. Louis XVI.

83 — Sabre de la cavalerie, modèle 1790.

84 — Sabre de chasseur à cheval, modèle 1790.

85 — Sabre-briquet d'artillerie de la marine, modèle 1771 Porte sur la croisière le nom de son possesseur de jadis : *Simonet.*

86 — Sabre d'officier de chasseurs d'infanterie. Louis XVI. (Fourreau manque). Porte l'inscription : *Germain, arquebusier, fourbisseur du Roi.*

87 — Couteau de chasse à poignée ivoire, (fourreau manque).

88 — Sabre de grenadier des Suisses au 10 août 1792, (fourreau manque). Sur la lance très large est gravé un grenadier suisse, en dessous les mots : *Vivat grenadier.*

89 — Sabre d'officier d'infanterie. Louis XVI. (Fourreau manque). Sur la coquille : *le portrait de Washington.*

90 — Epée richement ciselée, ornée d'attributs et de motifs militaires repercés à jour.

91 — Epée d'officier d'infanterie. Louis XVI. (Fourreau manque). — Epée à poignée d'acier. Louis XVI. (Fourreau manque). On joint à ces deux pièces : Epée d'officier d'Etat-major. Louis-Philippe. (Poignée très usagée).

92 — Epée à poignée acier ciselé à jour (fourreau manque). Louis XVI. Poignée remontée sur une lame très courte pour servir d'épée de chasse. — Une autre, au talon de la lame l'inscription : *De la manufacture de la marque au raisin à Solingen.* Louis XVI.

93 — Epée Louis XVI à coquille ciselée de guirlandes de roses. Joli travail du XVIIIe siècle (fourreau manque). — Epée même époque, de *Robin.*

RÉVOLUTION

94 — Sabre officier de volontaires. Modèle *au lion grimpant.*

95 — Un autre. Modèle *au casque de Minerve.*

96 — Un autre. Modèle *au portrait de Lafayette.* Sur la lame : *Liberté — Constitution.*

97 — Un autre. Modèle *richement ciselé d'un trophée à l'antique sur un canon. Possède son cordon de suspension en laine rouge.* Provient du Maire d'Armentières (Nord sous la Révolution.

98 — Un autre. *Poignée acier, garde à branches tournantes; au milieu de la principale dans un ovale : une pelle et la date 1789, en acier découpé à jour.*

99 — Un autre. *Poignée à branches tournantes en cuivre rouge.*

100 — Un autre (fourreau manque). *Poignée aux attributs des trois ordres.*

101 — Sabre à l'allemande, d'off. sup. de hussards. Sur la lame : *un hussard coiffé du mirliton chargeant, et Vivat hussard;* et la marque : *François Berger, fourbisseur, à la Tête Noire à Strasbourg.* Modèle très court que l'on peut dater de l'an I de la République.

102 — Sabre de la cavalerie mod. 1790 (mod. transformé antérieurement à l'an IX par la suppression du lys sur la poignée).

103 — Un autre modèle 1790, (modèle transformé par l'apposition du faisceau surmonté du bonnet phrygien).

104 — Sabre d'officier de hussards. *Large fourreau cuivre. Sur la lame un hussard chargeant et Vivat Hussar.* — Sabre d'officier de hussards, fourreau cuivre. Consulat.

105 — Sabre de hussard, modèle 1790. Sur la branche le nom du possesseur de jadis : *Guntleur.*

106 — Sabre d'officier de hussards autrichiens. *Large fourreau cuivre ; sur la lame les armes d'Autriche.* Provient du siège de Lille. — Sabre d'officier de hussards, fourreau cuivre. Consulat.

107 — Sabre de bataille d'officier de la cavalerie. *Fourreau de fortune.* — Sabre d'officier de hussards. Fourreau cuivre. Consulat.

108 — Sabre de centurion de l'Ecole de Mars. Fourreau chagrin noir.
Sabre d'officier de hussards. Fourreau cuivre. Consulat.

109 — Sabre d'officier d'Etat-major. Consulat.

110 — Pique de l'époque révolutionnaire. *Sur le fer de lame, le faisceau entourant la hache, surmonté du bonnet phrygien, au dessous les lettres A. N.* (*qui signifient Armes nationales.* Cf. *Carnet de sabretaches,* année 1911, pp. 753, 760.

111 — Sabre d'officier d'infanterie de ligne. Consulat.

112 — Sabre de volontaire. Sur la lame : *L'honneur est mon guide.*

113 — Sabre de grenadier de l'infanterie de ligne. (Fourreau manque).

114 — Sabre d'artillerie a cheval. Modèle 1792. (Fourreau manque).

115 — Sabre d'artillerie à pied.

116 — Sabre d'officier de chasseurs à cheval. (Fourreau manque).

117 — Trois sabres, sans fourreau, d'officier d'infanterie. Consulat.

118 — Sabre à fourreau de cuivre doré, *très richement ciselé d'attributs militaires.* Très belle arme. Provient d'un Conventionnel du Département du Nord.

119 — Sabre de la garde constitutionnelle de Louis XVI. Poignée cuivre à tête de coq, quillons recourbés vers la lame. Lame gravée avec le nom de l'armurier : *Coullier, rue St-Honoré, no 574, à Paris*. Très rare.

120 — Sabre dit des vainqueurs de la Bastille. Garde à branches formant coquille avec cor de chasse, grenade et fleurs de lys gravées. Lame unie, marquée *Rép. franc.* et *Klingenthal*. Poinçon : faisceau de licteur; fourreau cuir, dragonne du temps. Pièce curieuse.

121 — Sabre d'officier d'infanterie. Début de la Révolution. Lame gravée avec inscription : *Vive la nation, la loi et le roi*. Garde à une branche ajourée en cuivre doré.

122 — Sabre de gendarme de la Convention. Belle lame, large et gravée avec l'inscription : *Je soutiendrai la convention nationale*. Fourreau cuir. Très rare.

123 — Sabre d'officier, époque de la Monarchie encore en usage sous la Révolution. Lame gravée avec les armes de France barrées et inscriptions : *les citoyens de Montmartre au représentant du peuple N. Pothier, le 6 floréal an 7 de la République*. Faisceau de licteur et R. F. Beau fourreau en cuir.

124 — Sabre à la turque, lame damas, de forme française courbe, marquée *P. Knecht fils à Solingen* et gravée. Poignée en ivoire à croisière droite. Fourreau en cuir et garniture en cuivre doré et gravé. Consulat.

125 — Sabre à la turque, large lame, fourreau en cuir et cuivre avec son cordon de suspension, en soie jaune. Belle pièce.

126 — Sabre d'officier. Révolution. Garde en cuivre à une branche et demi-oreilles, quillon droit, le tout en une pièce, lame de briquet, fourreau cuir.

127 — Sabre de souvenir offert au général Charbonnier. Garde à une branche ornée, oreilles, pommeau en tête de lion; lame à talon rond, pointe en langue de carpe,

portant les inscriptions : *Armée des Ardennes, Vaincre ou mourir.* Beau fourreau en cuivre, avec jours garnis de cuir, et portant l'inscription : *Au général Charbonnier, Maestricht 1796.*

128 — Sabre turc à une seule belière avec deux anneaux de suspension. Armée d'Egypte.

129 — Sabre de cavalerie. Armée d'Egypte. Lame orientale (damas), courbe. Garde réglementaire à la française, fourreau cuir avec grande garniture en cuivre.

130 — Sabre ayant, d'après la tradition, été porté par un timbalier (armée d'Egypte. (?) Garde en cuivre doré à trois branches et coquille richement décorées de ciselures en relief. Anneau de pouce, pommeau en tête de lion, lame damas très courbe, avec caractères arabes, fourreau en fer. Pièce de grand luxe.

131 — Sabre d'officier d'Etat-major. Garde à une branche, terminée en quillon droit; gravure sur le plat du pommeau : faisceau de licteur et R. F. Sur le quillon, bonnet phrygien et V. B. Lame gravée, dorée et bleuie avec la marque : *Veuve Gose et fils, marchans fourbisseurs à Metz.* Inscription sur la lame : *Victor Barba. Etat-major de la guerre, 1793. Vive la nation.* Fourreau cuir.

132 — Sabre aux trois ordres. Garde à trois branches formant coquille, avec les attributs : bêche, crosse, épée ; en cuivre. Fourreau cuir.

133 — Très beau sabre d'officier de hussards du début de la Révolution. Large lame à la turque, gravée. Garde à une seule branche en fer, fourreau cuir, garni en fer. (Voir son ceinturon, plus loin).

134 — Sabre d'officier de hussards. Garde à une branche perlée en cuivre. Lame gravée, trophées et figure de hussard, marque : *Frères Wayers fab[t] à Solingen;* fourreau cuir

135 — Sabre de hussard. Lame courbe, gravée, avec figure de hussard et *Vivat hussar.* Monture cuivre. Garde à enroulements, oreilles, fourreau cuir.

136 — Sabre de hussard, modèle 1790. Fourreau cuir, garni en cuivre.

137 — Sabre de hussard. Large lame, poinçon au faisceau, et inscription : *Rép^{e} franç^{se}*. Au talon *Klingenthal*. Fourreau cuir avec cordelette en cuir aux belières. Ceinturon en cuir fauve avec boucle ronde portant un masque de lion en cuivre doré.

138 — Sabre d'officier de hussards. Garde en cuivre, quillon droit et oreilles; lame courbe, fourreau cuir, garni de cuivre.

139 — Sabre de cavalerie, garde en cuivre à une branche mobile. Lame courbe, gravée, et les mots *Cavalier* et *Vivat Hussar*. Beau fourreau en cuir garni de cuivre.

140 — Sabre de grosse cavalerie, modèle dragon, système 1790. Garde en cuivre à enroulements et barette en pointe de flèche. Fourreau en cuir, avec son ceinturon cuir blanc, plaque en cuivre, à grenade. Dragonne cuir blanc.

141 — Sabre de dragon, modèle 1790. Garde en cuivre à enroulements avec bonnet phrygien et faisceau sur la barette, lame droite. Fourreau cuir et cuivre. (La Giberne, août 1902, p. 29).

142 — Sabre de grosse cavalerie, modèle chasseur, garde en cuivre à deux branches, reliées par une troisième, transversale. Lame large et longue. Fourreau cuir garni de cuivre.

143 — Sabre de grosse cavalerie, garde cuivre, quillon droit, oreilles. Sur la lame : *Rép^{e} Fran^{se}, Klingenthal*. Fourreau cuir et fer.

144 — Sabre d'officier d'état-major (consulat), garde à une branche, ornée de sujets en relief, oreilles décorées d'une figure à l'égyptienne; lame turque (damas) gravée; garde et fourreau à belières richement ornées, le tout en cuivre argenté. Très belle pièce.

145 — Sabre à la turque, lame très courbe, bien gravée. Garde en fer, quillons en S et chaînette, oreilles ornées, fusée en ivoire. Fourreau en fer, à belières ornées. Campagne d'Egypte.

146 — Sabre d'officier de chasseurs à cheval, garde à une branche formant croisière, oreilles; lame gravée. Très beau fourreau en cuir garni de cuivre.

147 — Sabre d'officier de cavalerie, garde en cuivre doré, lame gravée, fourreau tole de fer, avec bracelets en cuivre.

148 — Sabre d'officier de cavalerie légère; large garde ajourée, pommeau en tête de lion cuivre doré. Lame de damas dorée, gravée et marquée : *Wilhelm Fische Peters Sohn, fabricant à Solingen.* Fourreau cuivre doré, orné de trophées gravés.

149 — Sabre d'officier de dragons, garde à cinq branches et à coquille ajourée. Fourreau cuir et cuivre.

150 — Sabre de cavalerie, garde cuivre à rinceaux, pommeau en tête de lion et oreilles gravées; lame gravée. Fourreau en tole de fer.

151 — Sabre d'honneur donnée par Bonaparte (armée d'Italie). Garde à une branche en cuivre, fourreau en cuir, recouvert de cuivre travaillé à jour. Gravure sur la lame : *Armée d'Italie. Donné de la part de la Convention par le général B.... au citoyen Sermon... — Liberté. Égalité, Fraternité, République française.* (Un sabre d'honneur, tout semblable, est conservé au musée de de l'armée). Le fourreau a une cassure, et il manque l'extrémité du quillon de la garde.

152 — Glaive de l'école des enfants de Mars, centurion, fourreau garni en velours noir.

153 — Idem. Fourreau en drap bleu.

154 — Glaive à l'antique de même type, monture en laiton,

fusée à écailles, croisière carrée, lame droite, poinçon : faisceau et bonnet phrygien.

155 — Glaive des élèves de l'école de Fontainebleau, (?) type à l'antique, garde et garniture du fourreau en cuivre doré; le fourreau très orné, sur fond de velours noir.

156 — Epée, modèle à l'anglaise. Garde en cuivre à une branche et fausse coquille garnie de boules, fusée torse ornée de filets de cuivre incrustés dans le bois. Fourreau en cuir jaune.

157 — Epée. Garde carrée, modèle à l'anglaise, même monture. Lame gravée.

158 — Epée de ville d'officier, modèle règlementaire. Le pommeau surmonté du bonnet phrygien. Garde à une branche se terminant en double coquille.

159 — Glaive de magistrat. Révolution. Lame gravée et dorée avec figure : *la Justice*, etc. Beau fourreau en cuir garni en cuivre.

160 — Glaive de tambour-major d'infanterie légère.—Epoque du Consulat. Garde à quillons en S, et chaînette; oreilles avec tête de Méduse, pommeau. Fourreau en cuivre argenté. Très belle lame en partie gravée. Pièce rare.

161 — Sabre de tambour-major, poignée cuivre doré. Pommeau à tête de lion. Quillons droits en forme d'arc, oreilles en forme de carquois. Lame marquée : *Manufacture de Klingenthal. Coulaux frères, entrepreneurs*, et poinçons.

162 — Sabre d'officier de voltigeurs. Révolution. Garde en cuivre doré à enroulements formant coquille avec cor et grenade. Le plateau ajouré de la garde, formé par deux faisceaux de licteurs. Très belle pièce.

163 — Sabre d'officier de volontaires. Sur la coquille de la garde, la liberté conduisant un lion, et les devises : *l'Union fait la force. Vive la liberté.* Lame gravée. Fourreau cuir.

164 — Sabre d'officier de volontaires. Garde à branches formant coquilles(trop hée d'armes). Pommeau en casque, Sur la lame : *Vaincre ou mourir.*

165 — Sabre d'officier de volontaires. La garde forme une large coquille représentant un lion portant le bonnet phrygien sur une pique et terrassant l'hydre. Fourreau cuir.

166 — Sabre d'officier. Lame gravée : *la Nation et la Loy — Vivre libre ou mourir.* Marquée : *Dida, marchand fourbisseur à Bordeaux.*

167 — Sabre d'officier, à garde mobile dorée et gravée. Longue lame droite, belle gravure, écu de France, couronné et *Vive la Loy*, remplaçant, *Vive le Roy.*

168 — Sabre d'officier d'infanterie, modèle 1800, Consulat. Type des armes de récompense, lame gravée et dorée.

169 — Sabre d'officier d'infanterie. (Directoire). Garde à une branche, pommeau en casque (cuivre doré). Belle pièce.

170 — Sabre d'infanterie. Poignée cuivre, demi-oreilles, pommeau en bonnet phrygien.

171 — Sabre d'officier d'infanterie. Garde à une branche et à oreilles en forme de croissant, fourreau cuir et cuivre.

172 — Sabre d'officier d'infanterie. Garde carrée à une branche, lame gravée, fourreau cuir.

173 — Sabre de l'époque de la Monarchie utilisé sous la Révolution. Lame ornée d'attributs républicains avec l'inscription : *P. Lindet, Directeur en chef des réquisitions. Département de la Seine.* Fourreau cuir et cuivre.

174 — Sabre-briquet avec inscription en partie effacée : *Ego sum Michael Cado de Gue... Dép. de la Seine inférieure. Fait à Solingen ce XXV novembre 1797.* Figure de cavalier gravée.

175 — Sabre court, à lame très large, gravée d'ornements à

la turque. Garde en cuivre doré se terminant en plateau ajouré et trois branches à enroulements, formant coquille; fourreau cuir.

176 — Sabre de fantassin, garde en fer à branche pliante, portant un pistolet fixé sur la lame. Large fourreau, cuir, garni en fer. Pièce curieuse.

177 — Sabre autrichien, *Régiment de Marioribanks*, pris à la bataille de Marengo.

178 — Sabre, lame gravée avec *1790 vivat.*

179 — Sabre-briquet, garde cuivre à trois branches, lame datée 1800, sans fourreau.

180 — Deux sabres d'officier d'infanterie, sans fourreau.

181 — Hache de sapeur, à tranchant et à pic, médaillon en cuivre gravé sur le manche.

182 — Hache de sapeur (de l'armée d'Italie), sur la lame le chiffre *91* et la marque *C. Silva. Brescia.*

183 — Sabre de chasseur. Sur la coquille, cor de chasse et bonnet phrygien. Fourreau cuir.

184 — Sabre d'infanterie, garde à enroulements et grenade formant coquille.

185 — Briquet d'infanterie, garde en cuivre à enroulements du type mineur.

186 — Briquet idem, sans fourreau.

187 — Sabre-briquet, poignée cuivre.

188 — Sabre-briquet d'infanterie, type dit de grenadier, garde en cuivre d'une seule pièce à une branche en croisière carrée, et demi-oreilles.

189 — Sabre-briquet, poignée en cuivre, d'une pièce, pommeau en casque, fausses oreilles.

190 — Sabre-briquet, garde en cuivre d'une seule pièce, avec le mot *liberté.*

PREMIER EMPIRE

191 — Sabre de général. Garde à une branche ornée, terminée en quillon à tête d'aigle, pommeau en tête de lion, demi-oreille avec tête casquée en relief. Lame courbe, fourreau cuir garni de cuivre, richement décoré de trophées, portant au centre la lettre F (initiale du propriétaire) dard en fer.

192 — Sabre à l'orientale, ayant appartenu au général Desaix, poignée en argent et fourreau cuir garni en argent. Sur les deux côtés de la lame des inscriptions : *L'armée d'Egypte au général Desaix, 1798-99. Vive la nation. Vaincre ou mourir. République française. Vive la liberté ou la mort. Egalité 1799.*

193 — Sabre d'officier général. Garde cuivre doré à trois branches, entièrement décorée d'ornements en relief ; au pommeau, glaive à l'antique entre deux drapeaux, lame (damas) gravée et dorée. Sans fourreau.

194 — Sabre d'officier d'état-major, garde à la turque en cuivre argenté, décorée de trophées et de sphinx, fusée en ivoire, pommeau en tête de lion. Lame courbe, gravée. Fourreau en cuivre argenté portant l'inscription : *Larrey, chirurgien en chef, armée du Nord, 1794. Souvenir de Rivarol.* Très belle pièce.

195 — Sabre d'officier d'état-major 1er empire, garde à une branche, avec les attributs d'état-major sur la croisière ; pommeau en casque. Fourreau en cuivre très richement décoré en relief. Lame damas avec inscriptions arabes.

196 — Sabre à lame courbe, entièrement gravée.

197 — Sabre d'officier à la turque. Lame courbe, française, gravée. Garde à croisière droite, pommeau en tête de lion, fusée ébène. Fourreau en tôle de fer, anneaux de belière à bossettes, en cuivre.

198 — Sabre de bataille d'officier de dragons. Garde à cinq

branches et à coquille ajourée, en cuivre doré, fourreau acier.

199 — Sabre de bataille d'officier de dragons de la garde impériale. Garde à cinq branches et coquille ajourée, lame entièrement gravée. Sans fourreau.

200 — Sabre de bataille d'officier de dragons. Garde à cinq branches et à grenade sur la coquille. Fourreau cuir, garni de cuivre.

201 — Sabre de bataille d'officier de gendarmerie. Garde à cinq branches et coquille, belle lame gravée avec devise : *Force à la loy*. Fourreau en cuir garni de cuivre.

202 — Sabre de dragons, dit de bataille. Garde à cinq branches et coquille ajourée. Sans fourreau.

203 — Sabre de bataille. Garde à cinq branches et coquille. Très belle lame courbe, bleuie et gravée. Fourreau acier.

204 — Sabre de bataille d'officier de dragons. Lame gravée et marquée : *Jacques Spol à Metz*. Garde à cinq branches et coquille à jours. Fourreau acier, garnitures en cuivre.

205 — Sabre de garde du corps de Jérôme-Napoléon, roi de de Westphalie. Sans fourreau.

206 — Sabre de carabinier. Garde cuivre rouge, ornée d'une grenade. Fourreau cuir, garnitures en cuivre rouge.

207 — Sabre de chasseurs à cheval de la garde impériale, modèle 1802. Fourreau cuir (poinçons).

208 — Sabre d'officier de chasseurs à cheval de la garde impériale. Lame gravée, garde à une branche, beau fourreau cuivre, bout et dard à enroulements.

209 — Sabre d'officier de chasseurs à cheval de la garde impériale. Garde à trois branches, oreilles et pommeau ornés de feuillages et d'une aigle en relief. Lame à la Montmorency avec l'inscription : *Chasseurs à cheval de la garde impériale*. Ornements et aigle gravés. Fourreau acier. Anneaux des belières en cuivre ciselé.

210 — Sabre du 2e régiment de chasseurs. Garde à deux branches plates, reliées par une traverse en fer. La lame marquée : *Manuf. du Klingenthal.* Fourreau cuir, garni en cuivre et en fer.

211 — Lame de sabre d'officier du 2e régiment de chasseurs à cheval, gravée, avec les inscriptions : *2e régiment de chasseurs à cheval, 1673. — Bonaparte, 1er Consul de la République française. — 30 thermidor an X. — Manufacture du Klingenthal. Coulaux frères.* Monture moderne de cavalerie légère.

212 — Sabre à l'allemande d'officier de chasseurs à cheval, 4e régiment. Garde à une branche formant croisière, oreilles. Lame gravée, fourreau cuivre. Belle pièce.

214 — Sabre d'officier de chasseurs à cheval. Garde en cuivre à trois branches, lame gravée. Le fourreau en cuivre est marqué *Spol à Metz.* Il porte l'inscription : *F. St-Oen, capitaine au 1er chasseurs à cheval* (armoiries). Même marque de propriétaire sur une oreille du sabre.

215 — Sabre d'officier de chasseurs, garde impériale. Garde à 3 branches et oreilles en cuivre. Fourreau tôle de fer, larges bélières en cuivre, très ornées Lame gravée. (Fallou Garde Impér. p. 292., la Giberne III. 145-9).

216 — Sabre de cavalerie type chasseur. Garde à 3 branches, lame gravée, fourreau cuivre. Belle pièce.

217 Sabre d'officier supérieur de cavalerie (lancier)? de la garde impériale. Modèle de l'an XI. Garde en cuivre à 3 branches, ciselées, aigle sur le haut de la fusée, oreilles, le tout richement décoré. Lame gravée, fourreau en cuivre. Larges bracelets des belières, décorés.

218 — Sabre d'officier d'artillerie. Garde Impériale 1er Empire. Poignée en cuivre doré du type des sabres de bataille, avec canons et grenade. Fourreau cuivre, à belières ornées de canons.

219 — Sabre d'artillerie à cheval; fourreau en cuir, garni en fer. Large lame marquée : *Manuf. du Klingenthal.* Cordelette entre les belières du fourreau.

220 — Sabre d'officier supérieur du génie, 1er Empire. Garde à 3 branches, décor ciselé, oreilles avec les attributs du génie. Lame gravée sur toute sa longueur.

221 — Sabre d'officier de gendarmerie d'élite de la garde impériale. Garde à 4 branches formant coquille avec grenade. Lame courbe gravée, fourreau en cuir garni de longues bandes de cuivre gravées. (Voir : Fallou Garde Imperiale, p. 300).

222 — Sabre d'officier de lanciers (?) modèle à la chasseur de l'an IX. Garde à trois branches, oreilles et bouton en olive sur la fusée. Très belle lame gravée à trophées militaires et aigles impériales. *Manufacture du Klingenthal. Coulaux frères* sur le plat de la lame.

223 — Sabre de cavalerie (lanciers), modèle à la chasseur, de l'an IX. Même garde que le précédent. Lourd fourreau en fer. Lame marquée au dos : *Manufacture impériale de Klingenthal. Octobre 1812.* Poinçons.

224 — Sabre, même modèle. Lame marquée : *Manuf. imp. du Klingenthal. Coulaux frères.* Poinçons.

225 — Sabre d'officier de lanciers polonais de la Garde Impériale. Garde à trois branches et oreilles, en fer. Lame gravée. Fourreau en tôle de fer, larges belières ornées. Très intéressant.

226 — Sabre à la chasseur, d'officier supérieur. Garde à trois branches et à oreilles, rehaussée d'un décor en relief. Fusée garnie en peau de serpent; fourreau en tôle de fer.

227 — Sabre de mameluck, Garde Impériale, poinçonné et marqué : *Manuf. du Klingenthal. Coulaux frères, entrep.* Fourreau cuir. Manque une belière.

228 — Sabre de mameluck, même type.

229 — Poignard d'officier de mamelucks. Modèle non règlementaire. Poignée en ivoire, ornée de trophées en argent, incrustés, pommeau en tête de mameluck. Lame gravée et dorée. Pièce très curieuse.

230 — Sabre de marin de la Garde Impériale, forme courbe. Garde à une branche, oreilles en écusson timbrées d'une ancre, fourreau cuir.

231 — Sabre type sapeur. Lame courbe très large avec les mots : *Garde maritime*. Poignée cuivre en tête d'aigle. Fourreau cuir.

232 — Gros sabre de marine, de forme courbe, poignée en cuivre, d'une pièce, à la turque; oreiles timbrées d'une ancre. Fourreau en cuir.

233 — Poignard d'officier de marine. Fourreau cuivre. Lame courbe, marquée : *Coulaux frères, à Klingenthal.*

234 — Epée d'officier de marine. Poignée à fusée en ivoire. Garde cuivre doré à une branche décorée d'une ancre avec couronne. Longue lame droite.

235 — Poignard d'officier de marine.

236 — Poignard d'officier de marine.

237 — Petit sabre d'officier de marine.

238 — Sabre règlementaire de cuirassier. Fourreau en cuir, garni de cuivre.

239 — Sabre de cuirassier, daté 1814. Fourreau en fer.

240 —

241 — Sabre d'officier des grenadiers à pied de la Garde Impériale. Sur la lame : *Grenadiers, Garde Impériale.*

242 — Sabre de marin de la Garde, modèle réglementaire.

243 — Sabre d'adjudant des marins de la Garde. Extrêmement rare avec le fourreau bronze.

44 — Sabre d'officier supérieur de hussards à l'allemande.

245 — Sabre d'officier de marine.

246 — Sabre à la turque. Poignée ivoire, à lame courte et très large. Petits dessins au trait figurant une fleur sur les garnitures. A appartenu au général Lasalle, tué à Wagram.

247 — Sabre à la turque. A appartenu au général Lasalle, tué à Wagram. Poignée ivoire et argent, ciselée et repoussée; lame ornée d'attributs militaires finement ciselés en or sur acier; fourreau en galuchat noir, à garnitures en argent ciselé et repoussé. Dans l'évidemment de la chape on lit : *Delacour et Backess, fab^{ts} brevetés de S. M. l'Empereur, Paris.* Dans sa gaîne de l'époque. Arme de toute beauté.

248 — Sabre de sapeur.

249 — Un autre à peu près identique.

250 — Hache de sapeur.

251 — Sabre d'officier d'infanterie (vers 1813), avec le fourreau tôle de fer et bronze doré (rare).

252 — Sabre à la chasseur d'officier supérieur de chasseurs à cheval. Début du 1er Empire.

253 — Sabre à la chasseur d'officier subalterne de chasseurs à cheval. Début du 1er Empire.

254 — Sabre de tambour-major. Modèle d'une grande richesse de ciselure.

255 — Un autre, plus simple.

256 — Sabre d'officier d'infanterie. Modèle riche. Ressemble à celui conservé au Musée d'Artillerie Coll^{on} Lepel-Cointet, sous le titre de : *Sabre donné au citoyen Pâques.* — Cf. Musée d'Artillerie. J. 422.

257 — Sabre d'officier d'Etat-major (?)

258 — Sabre d'officier supérieur.

259 — Un autre, variante.

260 — Sabre de cavalerie légère. Modèle au XI.

261 — Sabre de troupe de cuirassier, à fourreau tôle de fer.

262 — Sabre de troupe du régiment de cuirassiers polonais de l'armée du Grand-Duché de Varsovie. Entièrement en acier. Les cuirassiers polonais formèrent un seul régiment qui prit le n° 14 à la suite des régiments français de même arme.

263 — Sabre-épée d'officier général de la Garde Italienne. Poignée ivoire, monture et fourreau entièrement argentés. Pommeau formé d'un aigle, demi-oreille en écusson portant une tête de Méduse.

264 — Epée d'officier de la Garde Impériale.

265 — Sabre de sapeur de la Vieille Garde. Pommeau formé d'une belle tête d'aigle en bronze ciselé.

266 — Sabre de tambour-major. Poignée à la turque, nacre et chaînette finement ciselée. Fourreau très richement orné, à 2 anneaux de belière et 1 bouton de chape. Cette arme a probablement appartenu à un régiment de la garde, elle est en parfait état de conservation. (Un des montants de la fusée a été refait).

267 — Epée réglementaire d'officier. On joint : Epée d'officier d'infanterie du Consulat, retapée pour servir sous la Restauration. Epée d'officier. Epoque Louis-Philippe. Ces trois armes n'ont plus leur fourreau.

268 — Un lot de baïonnettes diverses. Un sabre officier de dragons (fourreau manque). On y joint une giberne de musicien du 2e Empire.

269 — Epée d'officier du 1er Empire. Poignée nacre. Sur la coquille : *le serment des Horaces.*

270 — Sabre ayant appartenu à *M. Bonsirven*, capitaine adjudant-major du 34e de ligne. On joint les pièces justi-

ficatives suivantes : Etat officiel des services relatant les campagnes et blessures de l'officier et deux lettres donnant la provenance de l'arme. Belle arme d'officier d'Etat-major à fourreau tôle de fer et garnitures bronze doré ciselées finement et en relief.

271 — Sabre d'officier de hussards, 2e régiment. 1er Empire. Lame gravée : aigle impériale *N* et croix de la légion d'honneur. Marque : *Manufacture de Klingenthal. Coulaux ainé et Cie*. Garde cuivre et oreilles, celles-ci gravées et portant l'aigle impériale couronnée. Fourreau cuir, avec inscription : — *N — Jean Lorrain au 2e hussards, 1806.*

272 — Sabre d'officier de hussards. 1er Empire. Garde cuivre, pommeau à l'allemande, lame damas, fourreau cuivre.

273 — Sabre d'officier de hussards. 1er Empire. Lame gravée et dorée, fourreau cuivre à six pans, entièrement gravé.

274 — Sabre d'officier de cavalerie, type hussard. Lame gravée, fourreau cuivre. 1er Empire.

275 — Sabre de cavalerie. Lame droite entièrement gravée de scènes de bataille et de trophées.

276 — Sabre d'officier de cavalerie légère, fourreau cuivre.

277 — Sabre d'officier de cavalerie légère. Garde à la chasseur, fourreau acier.

278 — Sabre d'officier de lancier polonais de la garde impériale. Garde à trois branches et oreilles en fer. Lame de damas, fourreau tôle de fer à larges belières en cuivre.

279 — Sabre d'officier de cavalerie légère, fourreau cuivre, lame gravée.

280 — Sabre de cavalerie légère, fourreau cuivre.

281 — Sabre d'officier d'Etat-major. Garde à une branche ; bracelets des belières en cuivre, ornés d'un casque.

282 — Sabre d'officier de cavalerie légère, lame gravée. Garde

à quatre branches et oreilles; fourreau avec belières en cuivre.

283 — Sabre d'officier de cavalerie, lame gravée, fourreau cuivre.

284 — Sabre d'officier de cavalerie. Garde en cuivre argenté, fourreau gravé.

285 — Sabre de cavalerie légère. Fourreau cuivre, garde à une branche et à oreilles.

286 — Sabre de lancier polonais. Garde en fer, fourreau en tôle de fer, très lourd.

287 — Sabre. Garde en cuivre à trois branches. Klingenthal, avril 1815.

288 — Sabre de cavalerie polonaise. Garde en fer à trois branches, fourreau acier. Marque Solingen.

289 — Sabre d'officier de cavalerie. Garde et fourreau acier.

290 — Sabre de cavalerie légère. Garde à l'allemande. Lame courbe. Fourreau cuivre.

291 — Sabre de cavalerie. Belle garde à la hussard. Poignée carrée en cuivre. Fourreau acier.

292 — Sabre de cavalerie légère. Garde à une branche formant croisière et à oreilles. Lame gravée. Fourreau avec bracelets en cuivre.

293 — Sabre de cavalerie légère (officier). Modèle 1800. Lame gravée. Fourreau cuivre à huit pans.

294 — Quatre sabres d'officier d'infanterie, types variés. Voltigeur et modèle 1800. Sans fourreau.

295 — Quatre sabres de cavalerie, types variés. Sans fourreau.

296 — Sabre de cavalerie. Lame courbe. Garde en fer, fusée en ivoire, à la turque. Fourreau en fer.

297 — Sabre de cavalerie. Garde à une branche. Fourreau acier avec belières en cuivre.

298 — Sabre de cavalerie légère. Fourreau tôle de fer, belières en cuivre.

299 — Sabre de cavalerie. Lame droite. Garde cuivre à 4 branches, quillon droit. Fourreau cuir garni de cuivre.

299 *bis* — Sabre de cavalerie légère. Garde à une branche et à oreilles. Fourreau cuivre.

300 — Sabre de cavalerie à la chasseur. Garde à trois branches. Lame gravée. Fourreau acier avec les belières en cuivre.

301 — Sabre type hussard pour enfant. Garde à une branche. Fourreau en cuivre.

302 — Sabre d'officier d'état-major. Très belle lame (damas), gravée et incrustée or, avec devises en espagnol, et signée : *à Solingen.*

303 — Sabre d'officier d'état-major. Garde en cuivre argenté, à une branche, demi-oreille en écusson. Pommeau à tête de lion. Fourreau cuivre argenté. Lame gravée.

304 — Sabre d'officier de grenadiers de la Garde Impériale. Garde en cuivre doré. Lame gravée et dorée avec inscriptions : *Garde impériale. Grenadiers à pied.* Fourreau cuir garni de cuivre.

305 — Sabre d'officier de chasseurs à pied. Garde Impériale. Garde en cuivre à une branche en carré, quillon droit. Lame gravée avec inscriptions : *Garde impériale. Chasseurs à pied.*

306 — Sabre d'officier d'infanterie de la Garde Impériale. Garde à une branche et oreilles. Lame courbe gravée. Fourreau cuir.

307 — Sabre d'officier d'infanterie légère. Garde Impériale.

Garde argentée à une branche, oreilles en écusson. Sur la lame : *Garde impériale* et les lettres *A. K.*

308 — Sabre d'officier du bataillon de Neuchatel (du maréchal Berthier), à la suite de la Garde Impériale. Lame gravée; garde en cuivre doré avec aigle portant au col les armes de Neuchatel sur un trophée; pommeau en casque; fusée couverte de velours rouge. Très rare.

309 — Sabre d'officier de la Garde royale d'Italie. Garde en cuivre doré, pommeau à tête d'aigle, coquille rabattue avec cor et grenade. Fourreau cuir garni de cuivre.

310 — Sabre d'officier d'infanterie. Garde Italienne. Garde à une branche carrée, pommeau en tête d'aigle, lame droite, fourreau cuir à bouton orné.

310 *bis* — Sabre de forme anormale. Garde à branche mobile ajourée, pommeau en casque. Lame courte et large, gravée : Soleil, croix et les mots : *la lame Berlens.* Fourreau cuir jaune, garni de cuivre.

311 — Sabre d'officier d'infanterie. Garde type hussard; fourreau cuir.

312 — Sabre d'officier d'infanterie. Lame gravée, décorée d'armoiries.

313 — Sabre. Garde en cuivre, à une branche, pommeau en tête de lion. Lame gravée.

314 — Sabre d'officier de cavalerie. Garde à une seule branche, terminée en quillon recourbé ; demi-oreilles olive, bouton olive sur la fusée; lame courbe gravée, fourreau cuir, garni de cuivre. Forme rare.

315 — Sabre d'officier d'infanterie. Epoque Révolution. Belle garde en cuivre orné; lame de briquet sur laquelle on a gravé plus tard l'inscription : *1802, Pierre Soulas, garde aigle au 37e d'infanterie de ligne. Don de l'empereur. Aigle. Garde aigle 37e d'infanterie.* Fourreau cuir.

316 — Sabre d'officier d'infanterie. Lame gravée et dorée

avec ces devises : *Vaincre ou mourir. Armé pour la Patrie.* Avec porte-sabre.

317 — Sabre d'artillerie (à tête d'aigle) avec son fourreau, un fourreau de baïonnette et baudrier, cuir noir.

318 — Sabre-briquet d'infanterie, 1er Empire, portant sur la lame l'inscription : *Retour de Sainte-Hélène. Marmillon, caporal au 2e grenadiers de la Garde impériale.* Avec baudrier en cuir blanc.

319 — Sabre-briquet d'infanterie. Gardre en cuivre, (fusée à 28 cannelures) avec sa dragonne.

320 — Sabre-briquet. 1er Empire. Marqué *Mfture imp. du Klingenthal, Coulaux frères* et *Poitevin, voltigeur.*

321 — Sabre-briquet d'infanterie, lame marquée : *Toledo 1803.*

322 à 325 — Réservés.

326 — Sabre de sapeur du 110e de ligne. 1er Empire. Garde cuivre d'une seule pièce, pommeau en aigle. Sur la croisière *110.* Fourreau en cuivre, ajouré à la partie centrale, haches croisées, anneaux de suspension à l'antique.

327 — Sabre de sapeur. Garde Impériale. 1er Empire. Poignée à tête d'aigle. Lame-scie marquée : *Coulaux et Cie, Klingenthal.*

328 — Sabre de caporal-sapeur. Poignée à tête de coq en cuivre. Lame marquée : *Coulaux frères à Klingenthal.*

329 — Sabre de sapeur. Poignée tête de coq, lame gravée (de l'époque de la Monarchie). Fourreau cuir garni de cuivre.

330 — Sabre de sapeur. Garde à tête de coq. Sans fourreau.

331 —

332 — Sabre de sapeur, poignée à tête de coq. Empire, les Cent jours. La lame marquée : *Manuf. impér. de Klingenthal, avril 1815.*

333 — Sabre à garde type sapeur, pommeau en tête d'aigle, fusée à cotes torses, quillons arrondis, vers le bas; lame de briquet, marquée : *Manufact. imp. du Klingenthal, août 1813.*

334 — Sabre, type sapeur, poignée cuivre à tête de coq, lame courbe, marquée : *Manufact. de Klingenthal. Coulaux aîné et Compagnie.* Avec fourreau et baudrier cuir blanc.

335 — Sabre-briquet de pompier de Paris, avec sa dragonne. 1er Empire.

336 — Glaive d'apparat, fusée en nacre, ovale, pommeau à tête de lion, quillons très courts remplaçant l'aigle éployée, chaperon avec l'inscription : *Manufacture à Versailles. Entreprise Boutet.* Fourreau en galuchat avec bout très important en forme de faisceau de licteur. Bronze doré.

337 — Epée de camérier du pape Pie VII. (1er Empire). Garde en cuivre, les extrémités en coquille. Lame marquée : *Jacques Spol. me fourbiss. à Metz.*

338 — Epée de ville d'officier de carabiniers. Garde en cuivre à branche carrée, avec mascaron au centre, pommeau en casque. Coquille droite à 7 perles et avec figure du Soleil, lame plate gravée. (Manque l'ornement de la fusée).

339 — Epée-clavier, trophée d'armes à l'antique sur la coquille. Belle pièce.

340 — Epée de ville. Garde à une branche, pas d'âne peu accentués et large plateau. Fusée cuivre, ornée de torsades en fil de cuivre, lame à très large talon gravé. Pièce intéressante.

341 — Epée d'officier de marine, modèle réglementaire de l'an XII. Lame gravée, monture cuivre doré, garde à double coquille avec ancre, pommeau en casque. Très belle, sans fourreau.

342 — Epée de ville de sous-officier d'infanterie. Garde impériale. (Voir Fallou, p. 150, et Tenues des troupes de France, I, 11). Pièce curieuse.

343 — Epée réglementaire d'officier d'infanterie, dite uniforme. Garde en cuivre doré à une branche, quillons droits, plateau en cœur, pommeau en casque, lame gravée, fourreau cuir. Très belle.

344 — Epée de ville d'officier. Garde en cuivre, fusée ébène, coquille rabattue, avec l'aigle impériale.

345 — Epée de ville, d'officier de la Garde Impériale. Garde à une branche, coquille en plateau, pommeau en casque. (Voir *Bottet*, pl. XI, 6).

346 — Epée de ville, dite clavier. Garde en cuivre doré, la coquille porte un lion passant. Belle pièce.

347 — Epée de ville d'officier de la Garde royale Italienne. (1er Empire). Pommeau à tête d'aigle colleté de la couronne de fer. Très belle lame gravée et dorée, marquée : *Coulaux frères. Manufacture du Klingenthal.* Fourreau cuir garni en cuivre ciselé. Très belle pièce.

349 — Epée de ville. Garde en cuivre doré. Sur la coquille, trophée d'armes et lion tenant un écu sur lequel on a gravé postérieurement les armes de France.

350 — Epée de ville d'officier d'Etat-major. Très belle.

351 — Epée de membre de l'Institut, premier modèle, à tête de sphinx sur la fusée.

352 — Epée-clavier. Pommeau en tête de guerrier. Sur la coquille, la figure de la paix.

353 — Epée-clavier. Sur la coquille, femme assise sur un trophée d'armes.

354 — Epée-clavier. Pommeau à tête casquée. Sur la coquille, lion couché sur un trophée d'armes.

355 — Epée-clavier. Pommeau en tête casquée. Sur la coquille, figure symbolisant la force et la justice.

356 — Epée-clavier. Pommeau en tête de lion. Coquille irrégulière avec trophée d'armes.

357 — Epée-clavier. Pommeau en tête de lion. Sur la coquille, beaux trophées à l'antique.

358 — Epée-clavier. Coquille unie avec deux branches de laurier et chêne. Lame plate. Sans fourreau.

359 — Epée-clavier. Sur la coquille : Victoire assise sur un trophée de drapeaux. Manque l'ornement de la fusée. Sans fourreau.

360 — Epée-clavier. Sur la coquille : trophée d'armes. Sans fourreau.

361 — Epée-clavier. Sur la coquille : figure de la guerre avec ses attributs. (Manque la plaque de nacre). Sans fourreau,

362 — Epée-clavier. Sur la coquille, Mars sur un trophée d'armes. Idem.

363 — Epée-clavier. Ornements à feuillages. Idem.

364 — Epée-clavier. Sur la coquille : tête de guerrière sur un trophée de drapeaux. Idem.

365 — Epée-clavier. Sur la coquille : l'histoire de Muscius Scevola. Idem.

366 — Epée-clavier. Sur la coquille : Hercule terrassant l'hydre. Idem.

367 à 370 — Pièces omises.

RESTAURATION

371 — Sabre de tambour-major, modèle réglementaire, 1822. Lourd fourreau en cuivre décoré, porte les armes royales sur la croisière. Très belle pièce.

372 — Sabre d'officier supérieur de gendarmerie des chasses, 1815. Lame bleuie avec *Gendarmerie royale. Manuf. royale de Klingenthal. Coulaux fr. Duc fourbisseur... à Paris.* Fourreau acier avec bracelets des belières en cuivre ciselé.

373 — Sabre d'officier subalterne de gendarmerie des chasses.

Sur la lame : *Gendarmerie royale. Coulaux frères à Klingenthal.* Fourreau en fer à belières en cuivre doré.

374 — Sabre d'officier de cavalerie légère de la garde royale. Garde à quatre branches en cuivre doré, pommeau timbré d'une fleur de lys. Lame marquée : *Gardie, fourbisseur, rue St Honoré, 39, à Paris.*

375 — Sabre de mousquetaire, noir, 1814.

376 — Sabre de mousquetaire, gris. Lame de rencontre, et cuir du fourreau renouvelé.

377 — Sabre de garde du corps du Roi. Modèle 1814. Fourreau cuir.

378 — Sabre de garde du corps. Fourreau en acier du modèle 1815.

379 — Sabre d'officier de garde du corps de Monsieur, (ou chevau légers). Garde des sabres de bataille à cinq branches avec coquille aux armes du duc de Berry. Fourreau en cuir.

380 — Sabre de garde du corps de Monsieur. Fourreau acier.

381 — Sabre de grenadier à cheval de la Garde royale. Garde marquée *Versailles* et lame marquée *Klingenthal.* 1822.

382 — Sabre d'officier de cuirassiers. Garde royale. Garde à cinq branches avec coquille ajourée et grenade aux fleurs de lys. Fourreau acier.

383 — Sabre de lancier de la Garde royale. Garde en fer à 3 branches et oreilles, fourreau acier. Lame marquée : *Manufact. royale de Klingenthal. Juin 1814.* Très belle pièce.

384 — Sabre d'officier d'infanterie suisse de la Garde royale, 6e régiment. Lame gravée et dorée aux armes de France, avec inscription : *Garde royale. 6e Infanterie.* Fourreau cuir.

385 — Sabre de bataille d'officier supérieur du 4e régiment de hussards. Garde à cinq branches et coquille ajourée. Lame gravée avec figures de hussards et attributs mili-

taires. Inscriptions : *Le Vte Lodin du Mauvoir, major. Manufacture royale de Klinghental. Coulaux frères.* Très belle pièce.

386 — Sabre d'officier de cuirassiers. Remonté sous la commune de 1871 avec une lame portant l'inscription : *Garde nationale fédérée, 1871.* Très curieux.

387 — Sabre *donné par le Roi,* modèle 1822.

388 — Sabre d'officier d'infanterie. Lame gravée : *Vive le Roi* et trois fleurs de lys. Le quillon de la garde affecte la forme d'une fleur de lys.

389 — Sabre à la turque d'officier d'état-major. Poignée en cuivre, avec un écu aux fleurs de lys. Lame gravée, fourreau acier.

390 — Sabre à garde de forme marocaine, cuivre et fer; lame gravée : écu aux fleurs de lys et *Vive le Roy.* Fourreau bois et cuir rouge.

391 — Sabre de Cent Suisses. Sur la lame, on a gravé postérieurement : *Garde nationale. Infanterie. Liberté, ordre public.*

392 — Briquet d'infanterie. Lame marquée : *Manuf. Royale de Klinghental. Juin 1830. S. A.*

393 — Epée d'officier monté. Poignée en cuivre à deux coquilles, garde à une branche. Lame marquée : *Manufacture royale de Klingenthal. 1822.*

394 — Sabre de garde du corps, 2e modèle. — Sabre de garde du corps de Monsieur.

395 — Sabre de tambour-major, modèle 1822. L'écusson a été gratté après 1830 et on a gravé au burin en place des lys, le coq gaulois.

396 — Sabre des Cent Suisses du Roi.

397 — Sabre de canonnier monté, modèle 1829.

398 — Sabre d'officier d'artillerie, modèle 1829.

399 — Sabre-épée d'officier. (Fourreau manque). Sur le pommeau est finement gravée la croix de la Légion d'Honneur. Arme de forme originale, affectant le style espagnol.

400 — Epée d'officier de marine. On y joint : Epée d'officier d'infanterie réglementaire. Epée d'officier Louis-Philippe. Epée de la garde municipale parisienne. 2e Empire. Ces armes sont sans fourreau.

401 — Epée de ville de garde du corps de Monsieur. Sur la coquille les armes du prince (grattées).

402 — Epée de ville du régiment des cuirassiers. Sur la coquille les armes du Roi et de la Reine à demi-effacées.

403 — Epée de ville d'officier de chasseurs. Sur la coquille, cor de chasse et couronne royale sur un fond de drapeaux.

404 — Epée d'ordonnance de général, avec son porte-épée. Les armes de France sur la coquille de la garde. Lame marquée : *Coulaux frères. Manuf. royale de Klingenthal.* (Voir la Giberne, X. 102).

405 — Epée de ville d'officier d'Etat-major. Coquille avec les armes de France sur trophée de drapeaux ; foudres au pommeau.

406 — Epée de ville d'officier de Cent Suisses. Garde à coquille renversée avec soleil, pommeau en casque.

407 — Epée de ville de garde du corps, 1814. Garde argentée.

408 — Epée de ville d'officier. Garde en cuivre doré, avec une fleur de lys sur la coquille. Belle lame gravée.

409 — Epée de ville. Garde en cuivre, les armes de France sur la coquille.

410 — Epée-clavier. Sur la coquille, le buste d'Henri IV.

411 — Epée clavier. Sur la coquille, les armes de France, effacées, entre les figures de la justice et de l'abondance.

412 — Epée de sous-officier de la garde royale. Garde en cuivre avec une fleur de lys sur la coquille.

413 — Epée de musicien. Trophée d'instruments de musique sur la coquille.

414 — Epée-glaive. Poignée en croix, à quillons droits, cuivre doré, marquée S P R. Lame gravée à riche décor en relief et en creux. Fourreau de rencontre.

415 — Glaive à poignée en nacre, pommeau et quillons en cuivre doré. Lame marquée : *Manuf. royale de Klingenthal. Juin 1823.* Le fourreau est marqué : *Monceaux, rue Lenoir Honoré, n° 3, à Paris.*

416 à 420

LOUIS-PHILIPPE

421 — Sabre d'officier général. Poignée très richement ciselée ainsi que les 3 garnitures en bronze doré du fourreau en tôle d'acier. Lame droite triangulaire. Très belle pièce.

422 — Sabre des troupes à pied, mod. 1831.

423 — Un autre, spécial à la Garde Nationale.

424 — Sabre du caporal sapeur de la Garde Nationale de Lille. Arme riche et très soignée ; montée avec une lame du début de la Révolution.

425 — Sabre d'officier de chasseurs à pied, avec sa dragonne.

426 — Sabre d'officier de marine, 1848, avec sa dragonne.

427 — Sabre d'artillerie à cheval de la Garde Nationale.

428 — Sabre briquet de l'infanterie de la Garde Nationale. Sur la poignée est gravé en relief : *Liberté—Ordre public.*

429 — Sabre briquet d'artillerie à pied.

430 — Sabre d'officier de la Garde Nationale.

431 — Epée d'officier élève de l'école d'artillere et du génie de Metz. On y joint : Epée réglementaire d'officier d'infanterie de la Révolution. — Epée d'officier d'infanterie

de la Garde Royale, Louis XVIII (manque le fourreau).

432 — Sabre d'officier du train d'artillerie.

433 — Sabre de sapeur, 1848.

434 — Sabre de Garde de Paris. Garde à cinq branches et coquille, avec *29 juillet 1830* sur une grenade. Lame de 1824, fourreau acier.

435 — Sabre d'officier d'artillerie. La lame, qui porte la marque : *Manufact. royale du Klingenthal avril 1830*, est en partie gravée, avec les inscriptions : *Liberté ou la mort. J. Lemasson.*

436 — Sabre d'infanterie. Lame gravée, très recourbée fourreau cuir à long bout de cuivre, marquée : *Solingen.*

437 — Sabre d'officier de la Garde nationale. Belle lame gravée et dorée : *Garde nationale. Ordre public. Liberté. Egalité. Coulaux frères à Klingenthal.*

438 — Sabre d'officier d'infanterie. Modèle 1845. Avec son ceinturon de grande tenue.

439 — Sabre d'officier. Garde nationale 1830. Garde en cuivre, type briquet, longue lame courbe; sans fourreau.

440 — Sabre d'officier de marine, avec son ceinturon de grande tenue.

441 — Sabre d'officier d'infanterie, modèle 1845.

442 — Sabre-glaive, dit coupe-chou. Marqué : *Pihet frères. Chatelleraut, 1833.*

443 — Idem. Marqué : *Man. de Klingenthal, 1831.*

444 — Sabre glaive, fusée à écailles, coq sur le pommeau.

445 — Idem. Poignée à écailles, d'un type spécial. Coq sur le pommeau.

446 — Idem. Modèle très léger.

447 — Sabre-briquet marqué *Manuf. royale de Klingenthal* juin 1830.

448 — Sabre d'officier de Garde Nationale. Pommeau à tête de coq.

449 — Deux haches d'abordage, modèle 1833.

450 — Epée de ville d'intendant militaire, avec son ceinturon en cuir noir doublé de cuir bleu; plaques de ceinturon à tête de Méduse. Très belle.

451 — Epée de ville. Garde en cuivre à coquille, portant un coq sur un trophée de drapeaux.

452 — Epée de ville d'officier. Garde en cuivre doré avec coquille et beau trophée au coq.

453 — Epée de ville. Pommeau en tête de coq, coquille rabattue sur la lame.

454 — Epée d'officier supérieur. Sur la coquille, coq avec un trophée de drapeaux. Fourreau acier.

455 — Epée d'élève de l'Ecole de Metz. Sur la coquille, trophée de canons et cuirasse. (Voir : la Giberne XII, 41).

456 — Epée-clavier. Pommeau en tête de coq, belle coquille avec trophée au coq. Cuivre doré.

457 — Epée de ville de garde municipal de Paris, 1830.

458 — Sabre-glaive de cantinière. Un coq au pommeau.

459 — Poignard de cantinière.

460 —

461 — Sabre-épée d'officier supérieur. (République 1848). Lame gravée sur fond doré, coquille de la garde richement ornée. Fourreau acier avec belières en cuivre gravé.

SECOND EMPIRE

462 — Sabre d'amiral. Poignée ivoire.

463 — Sabre et ceinturon de sapeur. Hache de sapeur.

464 — Ceinturon monté avec baïonnette, 1871.

465 — Epée de Cent Gardes. (Le fourreau manque). Matricule 133. On y joint : Epée de cour, Restauration, montée sur une lame du XVIIIe siècle, entièrement bleuie, gravée et dorée, marquée au talon : *Lepeton, md fourbisseur à Rouen, place Notre-Dame.*

466 — Sabre d'officier d'Etat-major, ou de chasseur à cheval. Poignée et garniture du fourreau dorées.

467 — Sabre d'officier supérieur de cavalerie. Garde a trois branches et à oreilles décorées. Lame droite, fourreau acier.

468 — Sabre d'officier monté d'infanterie (1855). Fourreau acier.

469 — Sabre de sous-officier de Cent Gardes. *Manuf. de Chatelleraut. Avril 1854.*

470 — Sabre (et porte-sabre) d'officier d'infanterie de la Garde impériale (voltigeur). Modèle 1821.

471 — Deux sabres d'officier d'infanterie. Modèle 1855. 2e Empire.

472 — Sabre d'officier de marine.

473 — Sabre de tambour-major du 117e régiment d'infanterie (1871), avec son ceinturon.

474 — Hache à marteau de sapeur d'infanterie. 2e Empire.

475 — Sabre de sapeur de la Garde impériale. Poignée en tête d'aigle, lame marquée : *Coulaux et Cie à Klingenthal.*

476 — Idem, légèrement varié.

477 — Deux sabres d'abordage. Garde en fer noirci marquée *Hollet à Solingen.*

478 — Sabre de chassepot avec cartouchières et ceinturon d'infanterie de marine (1870).

479 — Sabre d'artillerie de marine.

480 — Idem de garde forestier.

481 — Sabre, cartouchière et ceinturon. Garde nationale.

482 — Petit sabre de cantinière du 1er régiment de zouaves de la Garde impériale. Inscription sur le fourreau : *Me Maurin, cantinière au 1er zouaves. Crimée, Italie, Mexique, Algérie.*

484 — Epée de général avec sa dragonne. Fourreau acier.

485 — Epée de ville d'officier de voltigeurs de la Garde impériale. Modèle réglementaire. Garde dorée avec les armes impériales et des drapeaux. Sur la coquille, lame marquée : *Man. imp. de Chatell. O. de la Garde. Mod. 1860.*

486 — Epée de ville d'officier de la Garde impériale. Garde dorée, aigle et drapeaux sur la coquille. Lame marquée : *Garde impériale.*

487 Epée de ville. Idem, un peu plus légère. Lame marquée : *Coulaux et Cie. Manuf. de Klingenthal.*

488 — Epée d'officier du génie. 2e Empire.

489 — Epée de ville de sous-officier. Garde en cuivre, aigle avec drapeaux sur la coquille. Lame triangulaire, marquée : ... *de la Chine ... à Paris.*

490 — Epée de ville de Cent Gardes (avec son ceinturon). Marquée : *Coulaux et Cie à Klingenthal.*

491 — Epée sous-officier de gendarmerie. Modèle 1853.

492 — Epée de gardien de la paix.

493 — Epée de fonctionnaire, argentée. Sans fourreau.

494 — Poignard, la poignée terminée en tête d'aigle, fourreau acier.

495 — Sabre-briquet d'enfant de troupe.

496 — Epée-clavier d'enfant. (1er Empire).

497 — Trois sabres d'enfant. (1er Empire).

498 — Sabre d'enfant. Garde ornée de personnages grotesques. (1er Empire).

499 — Quatre sabres d'enfant. Epoques diverses.

ARMES A FEU

501 — Paire de pistolets d'arçon. Louis XVI.

502 — Pistolet *de voiture* à pierre, riches ciselures en argent. Louis XV. — Un grand pistolet d'arçon.

503 — Pistolet double à canons superposés et tournant et à batterie inversée. Modèle très bien établi et curieux.

504 — Paire de pistolets d'arçon, de la manufacture impériale de Maubeuge. 1er Empire. Modèle an XIII. Les baguettes manquent.

505 — Paire de pistolets. Gardes du corps, modèle 1816. Restauration.

506 — Pistolet du modèle dit à l'*Ecossaise*. Double canon bronze. Les officiers d'infanterie du 1er Empire se sont servis de ce modèle, de préférence à d'autres.

507 — Mousqueton de cavalerie. Restauration avec sa baïonnette. Sur la platine on lit : ***Maubeuge, manufacture Royale.***

508 — Mousqueton de cavalerie. Restauration.

509 — Fusil de munition. 1er Empire. Il a sa baïonnette.

510 — Pistolet de porte-aigle de 1er Empire. Modèle an XIII. Matriculé : 1812 et des lettres E F (empire français). Sur la platine on lit : ***Paire de pistolets à pierre à double canon, tirant la cartouche du fusil de munition.***

511 — Trois pistolets à piston et deux à pierre.

512 — Paire de pistolets d'officier de cavalerie Louis XVI, montés argent, (manquent les baguettes, et, à l'un, la vis et le plateau supérieur de la tête du chien. De chez *Louis Lamotte*, arquebusier de plusieurs régiments à Saint-Etienne.

513 — Fusil d'honneur à pierre. Sur une plaque ovale posée sur la crosse on lit : *Prix de cible, 1818, donné par Messieurs les Officiers de chasseurs du 2e bat.*

514 — Carabine Minié, 2e Emp. avec sa baïonnette. — Fusil Remington, mod. en usage en 1871. — Carabine de cavalerie, 2e Emp. Manufacture Nle Mukig, 1857.

515 — Fusil de munition. 1er Empire.

516 — Un autre, même époque. Sur la platine on lit : *Maubeuge, manufacture impériale.*

517 — Fusil de garde du corps du Roi. 2e Modèle. Restauration.

518 — Mousqueton de cavalerie. Système à tringle. Marqué : *Manuf. royale de Maubeuge.* Transformé à piston. Avec sa baguette détachée, le porte-mousqueton et la giberne avec banderolle double. Pièce rare.

519 —

520 —

521 — Fusil-chassepot des bataillons scolaires, (Lille 1880), avec son sabre-bayonnette.

522 — Grand pistolet d'arçon. Numéro matricule. Epoque Louis XV.

523 — Pistolet de cavalerie (provient du champ de bataille de Fontenoy.

524 — Pistolet à silex, aux armes des d'Orléans, incrustées dans la crosse.

525 — Long pistolet à silex, garni en fer. Marqué L. C. n° 24, sur le canon. Epoque Louis XV.

526 — Paire de pistolets, canon à pans, avec marque : *Parisis, Aix-la-Chapelle*, sur le canon ; garniture cuivre ciselé et doré. Epoque Louis XV.

527 — Pistolet, époque Louis XV.

528 — Pistolet, canon à huit pans en cuivre, batterie à silex, marque illisible sur la batterie ; garniture en cuivre gravé. Belle pièce.

529 — Pistolet de cavalerie. Modèle de l'an IX. Marqué : *Manufacture de Charleville.*

530 — Pistolet de grosse cavalerie, à silex. Modèle an XIII. *Manufacture impériale de St-Etienne.*

531 — Paire de pistolets de gendarme à pied. Modèle 1777 à tringle. Marqué *Charleville.*

532 — Pistolet d'arçon, système à silex, garniture en fer.

534 — Pistolet de la Garde royale. Restauration. Armes de France sur le pommeau (argent). Marqué : *Fourni par Brierel à Paris.*

535 — Pistolet de troupe de la Garde royale, aux armes de France, sur le pommeau de la crosse (cuivre).

536 — Paire de beaux pistolets de poche, la crosse garnie en argent. Marqués : *Richards.*

537 — Pistolet d'arçon. Modèle 1822, transformé à piston. Marqué : *Manufacture royale de St-Etienne.*

538 — Paire de pistolets à piston, marqués sur la batterie *H. Petitjean.*

539 — Pistolet long, canon cuivre gravé, garniture en cuivre. Crosse marquée : *Doudeville.* Batterie à silex, marquée : *Paul Luyle à Sedan.*

540 — Revolver, premier système, et accessoires (incomplet). Dans sa caisse.

541 — Pistolet à silex, très long, riche garniture, cuivre ciselé. Louis XIV.

542 — Pistolet de poche, canon en cuivre, le chien placé au-dessus du canon. Idem, un peu plus petit.

543 — Deux pistolets très longs. XVIIIe siècle.

CUIRASSES

544 — Armure de Cent Gardes. Comprenant : casque, cuirasse et sa matelassure. Voir n° 695.

545 — Armure de carabinier. 2e Empire. Comprenant : casque et cuirasse. Voir n° 696.

546 — Armure du sapeur du génie. 1er Empire. Comprenant cuirasse et pot-en-tête.

547 — Cuirasse de cuirassier de la Garde. 2e Empire.

548 — Cuirasse de cuirassier. 1er Empire. Porte la trace d'un biscaïen au bas du devant. Matelassure intérieure avec large poche en grosse toile.

549 — Cuirasse de sapeur du génie. 1er Empire. (Voir le casque n° 580). Bel état.

550 — Cuirasse de carabinier. Louis-Philippe. Plaque au coq. Marquée : *Manuf. royale de Klingenthal. Juillet 1832.*

551 — Cuirasse de carabinier. République de 1848. (Soleil sans insigne).

552 — Cuirasse de carabinier. Second Empire. Soleil avec l'aigle impériale. Marquée : *Manuf. royale de Klingenthal.*

553 — Cuirasse de Cent Gardes. (Voir le casque plus loin).

554 — Cuirasse de cuirassier. 1er Empire. (Voir son casque n° 575).

555 — Cuirasse de cuirassier. 1er Empire. Avec fraise. Marquée : *Zuderelle*. (Voir son casque n° 576).

556 — Cuirasse de cuirassier de la Garde royale. Restauration. Avec soleil en cuivre rouge, portant au centre les armes royales.

557 — Cuirasse d'officier de cuirassiers. Restauration. Bretelles terminées par des fleurs de lys.

558 — Cuirasse d'officier de cuirassier. Epoque Louis-Philippe.

559 — Cuirasse de cuirassier de la Garde impériale. 2e Empire.

560 à 570 — Pièces omises.

COIFFURES

ANCIEN RÉGIME ET RÉVOLUTION

571 — Chapeau de garde française, 1786 ; galon crénelé, argent.

572 — Mitre de bombardier, plaque à trophées et grenade, en cuivre argenté et repoussé. Bonnet en drap bleu, galon or.

573 — Chapeau d'infanterie. Campagne d'Egypte.

574 — Casque d'infanterie en cuir bouilli. La chenille a été renouvelée.

EMPIRE

575 — Casque de cuirassier. Modèle 1802-1804. Forme basse et sans couvre-nuque. (Voir *Cuirasses* n° 554).

576 — Casque de cuirassier. 1er Empire. Forme haute. (Voir *Cuirasses* n° 555).

577 — Casque de garde du corps de Jérôme-Napoléon, roi de Westphalie. Incomplet. Pièce d'une extrême rareté. (Voir *la Giberne*, IV, 167).

578 — Casque de chevau-léger en cuivre, bandeau en peau de tigre. Belle pièce.

579 — Casque de carabinier. Modèle 1811.

580 — Casque de tranchée de sapeur du génie, en très bon état. (Voir *Cuirasses* n° 549).

581 — Shako d'officier de gardes d'honneur. (Manquent les cordons et raquettes).

582 — Colback d'officier des compagnies d'élite de hussards. Raquettes or. Flamme rouge.

583 — Shapska de trompette de lanciers polonais. Garde impériale. Très belle pièce.

584 — Shako d'officier de chasseurs à cheval.

585 — Bonnet de police de trompette de cuirassiers (?)

586 — Bonnet de petite tenue d'officier de lanciers polonais. Drap rouge, bordure en fourrure noire.

587 — Bonnet de police d'officier d'intendance. Drap bleu, broderies argent.

588 — Bonnet de police d'officier supérieur de lanciers (?). Fond jaune, turban bleu foncé avec une aigle sur le devant. Large galon d'or.

589 — Shako d'infanterie de ligne. 79e Régiment. Modèle 1812. Plaque à soubassement en cuivre, cordons et raquettes, en fil blanc.

590 — Shako d'infanterie (grenadier), à chevrons rouges. 1er régiment. Plaque à soubassement.

591 — Shako d'un corps de la jeune garde (?) en feutre; impériale et galon cuir. Plaque à soubassement avec grenade, au lieu d'un numéro, cuivre doré; plumet rouge à bout blanc. Cf. Fallou, *Garde impériale*, pl. 130 et 146.

592 — Shako d'officier d'infanterie. 2e Régiment. Plaque à soubassement.

593 — Shako d'infanterie. 2e Régiment. Plaque à soubassement. Cordons et raquettes en laine jaune.

594 — Shako d'infanterie légère. Plaque à soubassement en étain.

595 — Shako d'infanterie (grenadier). 51e Régiment. Plaque à soubassement.

596 — Shako de voltigeur. 2e Régiment d'infanterie. Plaque à soubassement. Modèle 1812, galon jaune.

597 — Shako d'infanterie. 2e Régiment. Modèle 1812. Plaque

à soubassement. Retrouvé au Chanoy, hameau de Waterloo. Assez mauvais état.

598 — Shako d'infanterie. 102e Régiment. Plaque à lozange, aigle et numéro.

599 — Bonnet à poil de grenadier du 15e régiment d'infanterie. Plaque à l'aigle. Type rare.

600 — Chapeau d'officier de gendarmerie d'élite. Marqué sur la coiffe : ***Fabrique de chapeaux. Besson, rue du Réservoir, 5, Bordeaux.***

601 — Chapeau de marin, de ligne. 1808,

602 — Chapeau de ville d'officier de la Garde impériale.

603 — Chapeau de ville d'officier.

604 — Chapeau de ville d'officier d'infanterie légère.

605 — Chapeau bicorne d'enfant.

606 — Bonnet de police d'officier de carabiniers. Bonnet de police de grenadier de la vieille garde. (Manque le gland).

607 — Shako de soldat du 18e de ligne. La cocarde et les rosaces de jugulaires ont été rapportées.

608 — Pot-en-tête de sapeur du génie. 1er Empire. (Voir ***Cuirasses,*** n° 546).

609 — Shako de sous-officier de cavalerie de la garde impériale. Modèle de fantaisie. Fût et visière en velours noir; galon et ganse du modèle de la garde; cocarde tricolore; cordon et raquettes en laine jaune, bouton sphérique et uni; plumet rouge. Coiffure originale qui est composée de manière à ne pas comporter de plaque, peut-être la coiffure des gardes d'honneur de Douai ou de Valenciennes.

610 — Shako d'officier de grenadiers de la Légion de la Vistule. Fût en castor, faux couvre-nuque en cuir noir; visière en cuir brodé or au passé; pourtour supérieur et bourdaloue

portant les traces d'une broderie or au passé; superbe plaque à soubassement, à l'aigle français au milieu du cartouche la lettre N en relief; cocarde tricolore; plumet rouge à base verte sur olive ciselée; jugulaires à écailles dorées.

611 — Chapeau de vélite grenadier à cheval de la garde. (Voir le *Carnet de la sabretache*, année 1900, p. 65).

RESTAURATION

612 — Chapeau de cour, orné de plumes noires, d'une ganse et d'un bouton d'acier ciselé, cocarde argent.

613 — Casque d'officier de la Garde nationale à cheval parisienne.

614 — Casque d'officier de la Garde nationale à cheval du département du Nord-Officier. — Casque d'officier de la Garde nationale à cheval du département du Nord-Troupe (on y joint son plumet).

615 — Shako d'officier du 1er bataillon de la Garde nationale de Lille.

616 — Shako de l'infanterie suisse de la Garde royale, avec plumet blanc à base rouge, cordons et raquettes en fil blanc. Très bonne coiffure des premières années de la Restauration.

617 — Un autre, différent, du modèle sans cordons ni raquettes. Règne de Charles X.

618 — Shako d'officier des gendarmes corses, avec pompon rouge. A figuré au catalogue de l'Exposition rétrospective militaire de 1889 et en a conservé l'étiquette.

619 — Chapeau d'officier supérieur de la Maison du Roi.

620 — Casque de mousquetaire gris, incomplet.

621 — Casque de garde du corps. 1er modèle, très complet. avec plumet.

622 — Casque d'officier de dragons de la garde royale. La peau du bandeau a perdu ses poils.

623 — Casque de gendarmerie des chasses. Plaque détachée.

624 — Shapska de lancier de la garde royale. Les armes de France, du centre de la plaque, ont été effacées.

625 — Bonnet de police de chasseurs à cheval de la garde royale.

626 — Shako-tube d'artillerie à cheval.

627 — Shako d'artillerie, 4e régiment (armurier) modèle 1815.

628 — Shako d'infanterie suisse de la garde royale 1815, avec plumet, cordons et raquettes. Belle pièce.

629 — Shako d'officier de légion départementale. 1er rég. La cocarde a été remplacée.

630 — Shako d'infanterie, plaque sans numéro. Restauration.

631 — Shako du train des équipages 1822. Plaque en étain, à soubassement.

632 — Casque de garde nationale à pied. Bombe en cuir, garniture métal blanc.

633 — Shako d'officier, garde nationale 1825; plaque argent, aux armes de France sur soubassement et cor de chasse.

634 — Chapeau de maréchal de camp, grande tenue.

635 — Chapeau de ville de mousquetaire noir 1814. (V. Titeux, maison du roi, pl. 66).

636 — Chapeau de ville d'officier de cuirassiers, modèle 1816.

637 — Chapeau de ville de sous-officier. Bouton cuivre doré, fleur de lys couronnée. Marque de chapelier (de Lyon) dans la coiffe.

638 — Casque d'officier de pompiers de Versailles. Bombe argentée, aux armes royales. Belle pièce.

639 — Casque de pompier, incomplet, sur lequel on a appliqué une plaque des Volontaires royaux. Cette plaque est très rare. (Voir la Giberne XI, 58).

640 — Bonnet de police d'officier de hussards de la garde royale, Charles X. Turban bleu de roi, flamme rouge cramoisi, galons et broderies argent. Gland sur le côté. (Voir la *Giberne*, t. VII, p. 49).

640 *bis* — Idem d'officier de carabinier.... Turban bleu de roi, flamme bleu ciel, grenade, floche, galons et passepoil argent.

LOUIS-PHILIPPE

641 — Chapeau d'officier d'état-major en très bon état, avec son plumet.

642 — Casque de trompette de dragons, modèle 1825, à brosse. Palmette au cimier.

643 — Casque de cuirassier (crinière à brosse) modèle 1831.

644 — Casque d'officier de cuirassier.

645 — Casque de garde municipale de Paris, modèle 1830, en cuivre, avec la date 30 juillet 1830.

646 — Shako de hussard (tube) 1er rég. Débuts du régne de Louis-Philippe (rouge à pompon vert). Très bon état.

647 — Colbak de chasseur à cheval, modèle 1840-43, avec cordon et fourragères.

648 — Shako d'officier d'infanterie (29e régiment), modèle 1830. Belle pièce.

649 — Shako d'infanterie (fusillier) 19e rég. modèle 1837, étiquette dans le shako.

650 — Shako d'infanterie de marine. Modèle 1840.

651 — Bonnet de police d'officier d'infanterie.

652 — Shako d'officier du génie modèle 1850.

653 — Shapska de lanciers, 4e régiment. Modèle 1837.

654 — Shako officier d'artillerie, petite tenue (toile cirée),

modèle 1830. — Shako officier d'artillerie 1845-1860.

655 — Shako-tube d'artilleur modèle 1845.

656 — Shako en toile cirée des troupes d'Afrique, portant sur le devant le n° 11 dans un cor de chasse, peint sur la toile. Pièce très rare.

657 — Chapeau de marin, équipages de la ligne. *Le Pharaon*.

658 — Bicorne de médecin militaire (1848).

659 — Shapska d'officier de lanciers de la garde nationale. Louis-Philippe.

660 — Shapska d'officier d'état-major de la garde nationale à cheval (république 1848).

661 — Shapska de garde nationale à cheval (1848).

662 — Shako tube d'artilleur de la garde nationale de Caen, avec couvre shako et son carton.

662 *bis* — Shako garde nationale 1830, toile cirée avec le n° 3.

663 — Shako garde nationale, 1848.

664 — Shako d'officier de garde nationale, 1830.

665 — Shako d'officier garde nationale de St-Jean-lez-Macon. Modèle 1830 transformé en 1852.

666 Shapska de lancier de garde nationale. Grande plaque à rayons, avec un coq en cuivre doré, au centre, du type connu des lanciers d'Orléans. Pièce curieuse.

667 — Bonnet à poil de grenadier, garde nationale.

668 — Bonnet à poil de grenadier, de la garde nationale, avec cordons et raquettes en fil blanc.

669 — Shako de garde nationale mobile. République 48. Rare.

670 — Shako d'officier de la garde nationale.

671 — Shako d'officier de la garde nationale. Répub. 1848.

672 — Casque de pompier d'Arras, 1830.

673 — Casque de cuirassier.

674 — Casque d'officier de dragons.

675 — Casque de dragon, avec son plumet (d'état-major).

676 — Shako d'officier supérieur des grenadiers de la garde nationale de Lille. — Shako d'officier subalterne du 4e bataillon des grenadiers de la garde nationale de Lille.

677 — Shako d'officier de voltigeurs de la garde nationale de Lille. Modèle en toile cirée. Bonnet de police du même.

678 — Shako d'officier de grenadiers de la garde nationale de Lille. Modèle en toile cirée. — Shako d'officier de grenadiers de la garde nationale.

679 — Shako d'artillerie à cheval de la garde nationale.

680 — Shako de grenadier du 27e de ligne.

681 — Colback du tambour-major de la garde nationale de Lille. Epaulettes mi-partie rouge et argent. Gants à crispins et canne dudit tambour-major.

682 — Chapeau de commissaire de la marine.

683 — Shako d'officier de chasseurs à cheval, forme tube en drap bleu noir, chaînette jugulaire argent.

684 et 685 — Pièces omises.

SECOND EMPIRE

686 — Colback d'officier des guides de la garde. Flamme écarlate passementée d'or ; plumet dans son olive ciselée. Fourrure très bien conservée.

687 — Bonnet à poil (complet) du 3e grenadiers de la garde 1er modèle. Comporte ses cordons et son plumet.

688 — Casque d'officier de dragons de l'Impératrice.

689 — Casque d'officier de dragons. — Chapeau d'officier du 3ᵉ dragon.

690 — Casque de dragon.

691 — Casque d'officier de cuirassiers.

692 — Shako du 91ᵉ de ligne (mod. en cuir bouilli).

693 — Shapska du 7ᵉ lanciers.

694 — Casque de trompette de carabiniers.

695 — Casque de Cent-Gardes (voir aux cuirasses, nº 544).

696 — Casque de carabinier (voir aux cuirasses, nº 545).

697 — Shako du capitaine adjudant-major du 38ᵉ de ligne.

698 — Shako des canonniers sédentaires de Lille.

699 — Bonnet de police de Cent-Gardes.

700 — Shako des clairons et tambours de l'école spéciale militaire de Sᵗ-Cyr.

701 — Shako d'élève de l'école spéciale militaire de Sᵗ-Cyr, fin du règne.

702 — Shako d'officier de 2ᵉ zouaves. — Képi-shako de commandant des zouaves de la garde.

703 — Chapeau d'officier supérieur de grenadiers de la garde. — Chapeau de voltigeur de la garde. — Chapeau d'officier supérieur de la marine, début du règne.

704 — Chapeau d'officier d'artillerie.

705 — Chapeau de voltigeur de la garde.

706 — Chapeau d'officier supérieur pensionné. Bouton doré indéterminé; (Cf. Bottet : Le Bouton de l'Armée française, p. 86), il figure un aigle couronné.

707 — Bonnet de police de chasseur de la garde nationale, Louis Philippe. — Bonnet de police d'officier du 3ᵉ hus-

sards, Restauration. — Bonnet de police d'artillerie, Restauration.

708 — Bonnet de police de fusillier de ligne, 2e Empire (manque le gland). — Bonnet de police d'artilleur de la garde. — Bonnet de police du 2e hussards.

709 — Bonnet de police de guide de la garde. — Bonnet de police du 1er hussards. — Bonnet de police de voltigeur de la garde.

710 — Un lot de six bonnets de police divers.

711 — Casque de dragon, de la garde impériale.

712 — Casque de cuirassier de la garde impériale.

713 — Casque de cuirassier de la garde impériale, transformé en 1871.

715 — Casque de Cent gardes.

716 — Chapeau de ville de Cent gardes, avec sa caisse.

717 — Bonnet de police et képi de Cent gardes.

718 — Shapska d'officier de lanciers, garde impériale.

719 — Shapska de lancier, garde impériale.

720 — Colback de guide, garde impériale.

721 — Bonnet de police de guide, garde impériale.

722 — Talpack de chasseurs à cheval, garde impériale. (Sans plumet).

723 — Talpack d'artillerie de la garde impér. Modèle 1860.

724 — Bonnet de police d'artillerie, avec tresses; garde impér.

725 — Shako train des équipages, garde impériale.

726 — Shako de grande tenue, d'officier de voltigeurs, garde impériale, modèle 1853, avec cordons et raquettes et plumet. Très complet et très bien conservé.

727 — Shako de voltigeur de la garde impériale, 3e régiment. Modèle 1860, en cuir.

729 — Bonnet à poil de grenadier, garde impériale. 1er Modèle, à cordons et raquettes.

730 — Bonnet à poil de grenadier, garde impériale. 2e Modèle 1860.

731 — Chapeau de ville (frégate) de voltigeur, garde impé.

732 — Shako de chasseur à pied, garde impériale, 2e Modèle, avec son plumet.

733 — Bonnet à poil de gendarme de la garde impériale.

734 — Casque de cuirassier.

735 — Casque de cuirassier (écrasé) (1870).

736 — Casque de dragon. Modèle 1845.

737 — Casque de garde de Paris.

738 — Casque de garde de Paris, 1870-71, (dégarni du bandeau à l'aigle).

739 — Képi du 1er hussards, modèle 1856.

740 — Talpak de hussard. Modèle 1859.

741 — Shako de hussard, modèle 1860, à torsades rouge et noire. Tenue de ville.

742 — Shako de hussard (dit Taconet), 1er régiment, mod. 1865.

743 — Talpak de chasseur à cheval, 4e régiment, modèle 1854.

744 — Talpak de chasseur à cheval, 7e régiment.

745 — Shapska d'officier de lanciers, 8e régiment.

746 — Shapska de lancier. 3e Régiment.

747 — Idem.

750 — Shako d'artilleur. Modèle 1845.

751 — Shako d'artillerie montée, 2e régiment. 2e Empire.

752 — Shako d'artillerie, modèle 1860, en cuir. Rare.

753 — Shako d'artilleur attaché à l'infanterie, modèle 1860. Képi d'officier d'artillerie.

754 — Shako d'officier du génie, 2e régiment, modèle 1860.

755 — Shako de soldat du génie, modèle 1854.

756 — Shako de gendarmerie mobile.

757 — Chapeau bicorne de gendarmerie et Bonnet de police de gendarme.

758 — Képi de sous-lieutenant de spahis.

759 — Chapeau de marin (en paille goudronnée).

760 — Shako de chasseur forestier. Plaque à l'aigle avec soubassement marqué ***Forêts.***

761 — Shako d'élève de l'Ecole Saint-Cyr. Modèle 1863.

762 — Chapeau d'invalide. Début de l'empire.

763 — Chapeau et képi de médecin militaire.

764 — Toque de volontaire garibaldien (1870).

765 — Képi de volontaire de l'Ouest (1870).

766 — Képi de général.

767 — Chapeau mexicain porté par les officiers de la cavalerie française, lors de la campagne du Mexique. (Voir tenues des troupes de France, II, 51). Avec attestation.

768 — Bonnet à poil de tambour-major d'infanterie avec son plumet.

769 — Shako de tambour-major, 117e de ligne (1871).

770 — Bonnet à poil de sapeur d'infanterie.

771 — Chapeau de cantinière d'infanterie en toile cirée avec rubans tricolores.

772 — Shako d'infanterie, 6e rég. Modèle 1851.

773 — Shako d'infanterie, 7e rég., modèle 1855.

774 — Shako d'infanterie, 33e régiment, modèle 1860, en cuir.

776 — Shako d'officier d'infanterie, 8e rég. (petite tenue).

777 — Shako d'officier d'infanterie, 76e rég., drap rouge.

778 — Skako d'officier d'infanterie, modèle 1872.

779 — Shako d'officier de chasseurs à pied.

780 — Chapeau de ville d'officier.

781 — Shapska de la garde nationale à cheval. Modèle 1852.

782 — Shako de garde nationale.

783 — Deux shakos d'officier des artilleurs sédentaires de Lille. Modèle 1873.

785 — Bonnet de police drap noir, grenade et filets argent.

786 — Bonnet de police, fond rouge, turban bleu, galons jaunes.

787 — Trois bonnets de police divers.

789 — Cinq képis divers, 2e empire.

790 — Casque de chasseurs à cheval (Essai 1880).

791 — Casque de hussard (Essai 1880).

792 — Casque d'artillerie (Essai 1880).

793 — Casque d'artillerie (Essai) autre type.

794 — Chapeau-claque de soirée. Bouton argent, aigle entourée d'étoiles, ganse en drap noir avec broderie or. Coiffe satin blanc.

VÊTEMENTS
ANCIEN RÉGIME

801 — Habit d'infanterie, époque Louis XV. Drap blanc, revers et parements en bleu. Boutons cuivre timbrés d'une hermine. Très rare.

802 — Gilet d'officier de cavalerie. Drap rouge, galons d'or; époque Louis XV.

803 — Buffle en peau de daim, jaune; destiné à remplacer la cuirasse.

804 — Habit de garde du corps, avec épaulettes et aiguillettes. Epoque Louis XVI. A figuré à l'exposition de 1889. (V. *la Giberne*, IX, 41).

805 — Habit de dragon, 1er régiment, époque Louis XVI. Drap vert, parements revers et retroussis en rouge; boutons étain avec le n° 1. Très rare.

806 — Habit d'officier du régiment suisse de Salis Samade, n° 67, au service de France. Drap rouge, revers et retroussis jaunes. Epoque Louis XVI.

RÉVOLUTION

807 — Habit d'infanterie. Drap bleu, revers blancs, boutons or, avec faisceau de licteur, et *République française*. Grenade en drap rouge aux retroussis. Epaulettes en laine rouge. Bon état.

808 — Habit d'artilleur. Consulat. Drap bleu, boutons cuivre.

809 — Habit de soirée, (et gilet) d'inspecteur des services administratifs aux armées (?). (Drap marron, doublure satin blanc. Manquent les boutons).

PREMIER EMPIRE

810 — Habit vert de petite tenue, et gilet rouge, de chasseur à cheval de la garde impériale.

811 — Pelisse d'officier de chasseurs à cheval de la garde impériale. Drap rouge, galons or. (Incomplète).

812 — Habit d'officier de grenadiers hollandais, 2e régiment, garde impériale. Fond blanc, distinctions rouge ponceau, boutons d'or. (Voir *la Giberne*, VI, 185 et XI, 23).

813 — Habit de voltigeur de la garde impériale. Fond bleu, collet jonquille, revers et retroussis blancs. Ornements des retroussis, cor et grenade; boutons cuivre de la garde impériale. (A figuré à l'exposition de 1889, n° 325).

814 — Habit d'adjudant commandant d'Etat-major. Drap bleu, deux boutonnières richement brodées au collet, et trois aux parements, en or. Bouton cuivre doré, épée en pal, sur des drapeaux et des étendards. Avec ses épaulettes.

815 — Dolman de hussard, 7e régiment. Fond vert, brandebourgs et galons jaunes, collet rouge.

816 — Gilet-dolman de trompette de hussard, 5e régiment. 1808?. Fond blanc, garniture en rouge.

817 — Surtout d'officier d'infanterie, 9e régiment. Drap bleu, boutonné droit; collet, parements, retroussis en drap du fond. Boutons dorés, grenades en or aux retroussis.

818 — Surtout d'officier d'infanterie légère, 4e régiment. Drap bleu, collet rouge, cors en argent aux retroussis, boutons argent timbrés d'un cor et du numéro 4.

819 — Habit de voltigeur d'infanterie légère, 1803. Drap bleu, collet jaune, passe-poil blanc. (La doublure a été renouvelée et porte des matricules du 2e Empire.

820 — Habit de sous-officier d'infanterie légère. Drap bleu, revers et retroussis bleus, collet rouge, passe-poil blanc. Cor de chasse aux retroussis. Boutons étain avec cor et n° 23. Galons argent.

821 — Habit d'officier du 3e régiment suisse au service de France, 1806. Drap rouge, boutons dorés bombés avec le numéro 3. (Voir *la Giberne*, VIII, 120).

822 — Habit d'officier du 1er régiment de grenadiers d'infanterie suisse. Petite tenue. Drap bleu, boutons d'or bombés, avec le numéro 1.

823 — Habit d'infanterie, 55e régiment, modèle 1806. Drap blanc, distinctions en bleu, boutons dorés avec n° 55.

824 — Habit d'infanterie, modèle 1812. Drap bleu, revers et retroussis blancs, parements rouges. Transformé en 1814, boutons dorés à fleur de lys, et lys aux retroussis. (A figuré à l'exposition de 1889, n° 343).

825 — Habit indéterminé. 1er Empire. Drap bleu, collet revers et retroussis blanc, boutons en cuivre, à l'aigle couronnée.

826 — Habit à la kinski, de trompette de chasseurs à cheval. Drap blanc, revers collet, etc., rouges.

827 — Kurtka de lanciers rouges, de la jeune garde impériale; drap bleu, plastron, col, passe-poil et retroussis rouge cramoisi, boutons grelot étain.

828 — Habit d'artilleur bavarois 1814 (troupes alliées). Drap bleu, collet rouge, boutons d'artillerie avec un B.

829 — Kurtka de chevau-léger-lancier (?) Drap vert, collet, plastron, retroussis et passe-poil rouge cramoisi. Boutons grelot cuivre.

RESTAURATION

830 Habit de grande tenue de maréchal de camp. Larges broderies d'or suivant l'ordonnance. Très beau.

831 — Habit de grande tenue dit de société, de mousquetaire gris.

832 — Habit de mousquetaire noir, petite tenue.

833 — Habit de garde du corps, petite tenue.

834 — Habit de garde du corps du comte d'Artois. Petite tenue. Drap vert, collet rouge, ornements de retroussis et boutons spéciaux en argent. Etat de conservation passable. De toute rareté.

836 — Habit d'officier de la garde royale, 3e rég., drap bleu, 9 boutonnières en galon d'argent, parements et retroussis jonquille. Grande tenue.

837 — Habit de voltigeur d'infanterie de la garde royale, 1er régiment. Drap bleu, retroussis jonquille.

838 — Habit frac de petite tenue d'officier d'infanterie de la garde royale, 2e régiment. Restauration. Drap bleu, retroussis rouge cramoisi.

840 — Habit de fusilier suisse, 8e régiment de la garde royale.

Drap rouge à 9 grandes boutonnières en galon blanc. Boutons étain.

841 — Habit de trompette de carabiniers, 1er régiment. 1829. Drap rouge, grenades (jaunes) aux retroussis, col et parements bleus; boutons étain à grenade avec n° 1. En mauvais état.

842 — Habit de brigadier des carabiniers, 2e régiment, mod. 1825. Matriculé 1834; avec ses épaulettes.

843 — Habit d'officiers de chasseurs à cheval. 4e rég. Modèle 1822. Drap vert, brandebourgs argent.

844 — Habit d'infanterie, légion départementale 33*bis*. Drap blanc. Col, revers, parements et retroussis bleus. Boutons étain à fleur de lys.

845 — Habit de caporal d'infanterie. 2e rég. (grenadiers). Modèle 1822. Drap bleu, les distinctions en blanc. Grenades aux retroussis, boutons cuivre à numéro.

846 Habit d'infanterie. 5e rég. Modèle 1822. Drap bleu, les distinctions en rouge cramoisi, avec ses contr'épaulettes.

847 — Pantalon d'infanterie (bleu à passe-poil rouge). Modèle 1822.

848 — Habit d'officier du 1er rég. d'infanterie suisse, au service de France. Grenadier, petite tenue, drap rouge.

849 — Habit du 4e régiment suisse, voltigeur. Modèle 1827. Drap rouge. Cors de chasse aux retroussis; boutons cuivre légèrement bombés avec numéro; Epaulettes fil blanc, avec tournantes en jaune.

850 — Habit de fusilier, 8e régiment suisse, de la garde royale. Petite tenue, drap rouge, lys en argent aux retroussis, avec ses épaulettes.

851 — Habit d'infanterie suisse, drap rouge, boutonné en plastron. Collet rouge avec deux longues boutonnières en galon blanc. Retroussis blancs avec fleurs de lys en

argent. Bouton étain de la garde royale (à l'écu rond). 1re Restauration. Rare.

852 — Habit d'enfant de troupe, drap rouge, revers et retroussis blancs, lys en argent aux retroussis, boutons cuivre doré, à fleurs de lys.

853 — Habit d'artilleur, 4e rég., modèle 1825. Drap bleu. Collet, retroussis, parements et passe-poil rouges; avec ses épaulettes. Très bon état. Voir son shako, n° 627.

854 — Habit d'inspecteur départemental de la garde nationale, grande tenue. Drap bleu, broderie argent. Manquent deux ornements aux retroussis.

855 — Kurtka de trompette de lanciers de la garde nationale à cheval, de Paris. Drap blanc. Distinctions rouge ponceau.

LOUIS-PHILIPPE

859 — Habit de ville d'officier de carabiniers. 1er rég. Drap bleu de ciel, boutons argent. En mauvais état.

860 — Habit de brigadier de chasseurs à cheval. 7e rég. Modèle 1843. — Pantalon à fausses bottes en cuir. Voir son colbak avec cordon et fourragères, n° 647.

861 — Tunique de chasseurs d'Afrique, 1er rég. Modèle 1847. — Pantalon idem.

862 — Veste de chasseurs d'Afrique, 4e rég.

863 — Kurtka de lancier, 7e rég. Modèle 1837-39. Drap bleu, plastron rouge, boutons étain.

864 — Dolman de hussard, 4e régiment, modèle 1840, drap rouge, brandebourgs rouge et bleu mêlés.

865 — Dolman de hussard, 6e régiment, modèle 1840, drap vert, brandebourgs rouge et bleu mêlés.

866 — Dolman de hussard, 8e régiment, modèle 1840, drap blanc, brandebourgs rouge et bleu mêlés.

867 — Pelisse de sous-officier de hussard, 7e régiment, modèle 1840; drap vert, brandebourgs vert et orange mêlés, fourrure.

867 *bis* — Dolman de hussard, 4e régiment, drap rouge, tresses blanches, 1851.

868 — Habit d'officier d'infanterie, 29e régiment, modèle 1830, avec ses épaulettes. Voir shako n° 648.

869 — Habit de sergent d'infanterie, 11e régiment, modèle 1829.

870 — Habit d'officier, 9e régiment (chasseurs?), drap vert, garnitures argent.

871 — Habit d'infanterie de marine, 2e régiment, modèle 1831, avec ses épaulettes d'un type spécial.

872 — Veste de marin des équipages de la ligne et pantalon en toile blanche, matriculé.

873 — Habit d'enfant de troupe, voltigeur, drap bleu, collet, parements, passepoil et retroussis rouge, cors aux retroussis.

874 — Habit blanc, collet rouge avec cor de chasse en drap vert, revers velours noir, boutons étain avec cor de chasse (?).

875 — Dolman type hussard, drap rouge à 18 brandebourgs et galons jaunes, boutons étain unis.

876 — Habit de garde nationale 1830.

877 — Idem.

878 — Tunique de garde nationale mobile avec ses épaulettes (caporal fourrier), boutons étain marqués : garde nationale mobile 2; pantalon idem. (Cf. la Giberne XI, la planche avant la page 73). Voir shako n° 669. République 1848.

879 — Corsage et jupe de cantinière, 1848, boutons en étain, au coq avec les mots : République française.

SECOND EMPIRE

880 — Habit de chef de musique de la garde nationale, boutons timbrés d'une lyre.

881 — Tunique de sous-officier de cent gardes et pantalon de ville.

882 — Veste de manœuvre de cent gardes.

883 — Culottes de peau de cent gardes, matriculées.

884 — Couvre-culottes en toile, de cent gardes.

885 — Manteau de carabinier, drap rouge, boutons garde impériale étain.

886 — Tunique de trompette de carabinier, garde impériale, drap rouge, larges boutonnières en galon blanc, bel état.

887 — Habit d'officier de carabinier, 1er régiment, modèle 1845, avec ses épaulettes. Très beau.

888 — Tunique de trompette du 2e régiment de cuirassiers, garde impériale, avec épaulettes et aiguillettes.

889 — Tunique de cuirassier, 2e régiment de la garde impériale. Voir casque n° 712.

890 — Habit de dragon, garde impériale. Voir casque n° 711.

891 — Pantalon de dragon de la garde impériale (à fausses bottes).

892 — Habit de trompette de dragon de la garde impériale, avec ses épaulettes.

893 — Kurtka d'officier de lanciers, garde impériale. Voir shapska n° 718.

894 — Kurtka de lancier, garde impériale, avec les épaulettes et aiguillettes. Pantalon id. Voir shapska et accessoires n° 1430.

895 — Dolman de chasseur à cheval, garde impériale: avec

ses cordons fourragères et tresses en fil blanc. Voir talpak n° 1431.

896 — Pelisse de guide de la garde impériale, modèle 1857.

897 — Dolman de guide de la garde impériale. Pantalon id. Voir colback et accessoires n° 1432.

898 — Dolman de trompette de guides, garde impériale.

899 — Dolman de trompette d'artillerie de la garde impériale, grande tenue, drap bleu.

900 — Dolman d'artilleur de la garde impériale. Voir talpak n° 1433.

901 — Dolman de sous-officier d'artillerie montée de la garde impériale.

902 — Dolman du train d'artillerie, garde impériale.

903 — Dolman du train des équipages, garde impériale, avec ses cordons, tresses et fourragères. Voir shako n° 1434.

904 — Habit de sapeur du génie, garde impériale (1857). Une partie des boutons ont été remplacés.

904 *bis* — Idem.

905 — Habit d'officier de voltigeurs, garde impériale, modèle 1853, à plastron blanc, avec épaulettes et hausse-col. Pantalon id., très beau et rare. Voir shako, etc., n° 1435.

906 — Habit de voltigeur de la garde impériale, modèle 1853, à plastron, avec ses épaulettes.

907 — Habit d'officier de grenadiers de la garde impériale, modèle 1854, à plastron blanc.

908 — Habit de grenadier, modèle 1854, de la garde impériale, à plastron, avec épaulettes. Voir bonnet à poil, etc. n° 1437.

909 — Tunique de grenadier de la garde impériale, modèle 1860, avec épaulettes.

910 — Pantalon de grenadier, garde impériale, modèle 1860.

911 — Tunique de voltigeur, garde impériale, modèle 1860, avec ses épaulettes. Voir shako n° 1438.

912 — Tunique de pupille de l'*Ecole impériale spéciale militaire*, 2ᵉ Empire (semblable à la tunique du grenadier de la garde impériale, modèle 1860).

913 — Basquine de chasseur à pied, garde impériale, 2ᵉ modèle, avec ses épaulettes.

914 — Veste de zouave de la garde impériale, avec gilet et pantalon.

914 *bis* — Tunique d'officier de zouaves, 2ᵉ Empire, garde impériale.

915 — Habit de grande tenue, gendarme de la garde impériale, à plastron rouge. Pantalon idem. Voir bonnet à poil et accessoires n° 1441.

916 — Habit de cuirassier, modèle 1842, 6ᵉ régiment, collet, parements et retroussis jaunes, 2ᵉ Empire.

917 — Habit-veste de cuirassier, 3ᵉ régiment, avec ses épaulettes, écusson blanc au collet, 1855.

918 — Habit de dragon, 6ᵉ régiment, plastron jaune. Pantalon id.

919 — Habit de dragon, 10ᵉ régiment, à plastron rouge avec ses épaulettes et son collet noir. (1859).

920 — Habit de brigadier de dragons, plastron blanc, 2ᵉ régiment.

921 — Kurtka de lancier, 1ᵉʳ régiment, (avec épaulettes), plastron jaune, 1854. Pantalon, idem.

922 — Kurtka de lancier, plastron rouge, 6ᵉ régiment.

923 — Kurtka d'officier de lanciers, 5ᵉ régiment, plastron jaune.

924 — Dolman de chasseur à cheval, 11ᵉ régiment. (Voir Talpak, nº 743.

925 — Pantalon de chasseur à cheval, 17ᵉ régiment.

926 — Pantalon de chasseur à cheval, 7ᵉ régiment. 2ᵉ Empire.

927 — Dolman de hussard, 1ᵉʳ régiment, modèle 1842. Fond bleu, brandebourgs blancs.

928 — Dolman de sous-officier de hussards, 2ᵉ régiment, modèle 1845. Fond marron, brandebourgs et galons blancs.

929 — Dolman de hussard, 1ᵉʳ régiment, modèle 1859. Fond bleu, brandebourgs et galons blancs. Voir nº 1446.

930 — Idem, 2ᵉ régiment, marron.

931 — Idem, 3ᵉ régiment, gris-argentin.

932 — Idem, 4ᵉ régiment, rouge.

933 — Idem, 5ᵉ régiment, bleu foncé.

934 — Idem, 6ᵉ régiment, vert.

935 — Idem, 7ᵉ régiment, vert.

636 — Idem, 8ᵉ régiment, modèle 1858. Fond bleu ciel, brandebourgs et galons jaunes.

937 — Pantalon de hussard, 11ᵉ régiment. (Voir *Talpak et accessoires*, nº 1446.

938 — Dolman d'officier de spahis. Pantalon et ceinture, id. (Voir *la Giberne*, XII, 57).

939 — Veste et gilet de spahis.

940 — Idem.

941 — Tunique de sapeur d'infanterie, 49ᵉ rég. 1869, avec épaulettes. — Pantalon et guêtres, idem. Voir Bonnet à poil, etc., nº 1448.

942 — Tunique de tambour-major, 27e régiment de ligne. Modèle 1860.

943 — Tunique de tambour major, 117e régiment d'infanterie, 1871.

944 — Tunique d'officier d'infanterie, 22e rég.

945 — Tunique de capitaine d'infanterie coloniale.

946 — Tunique d'infanterie, modèle 1855. — Pantalon idem.

947 — Tunique d'officier d'infanterie. Modèle 1860.

948 — Tunique d'infanterie, 5e de ligne.

949 — Pantalon à la zouave d'infanterie. Modèle 1860.

950 — Basquine de sergent-fourrier de chasseurs à pied 2e régim. 1862.

951 — Habit de chasseur forestier. Etat de conservation médiocre.

952 — Veste de tirailleur algérien, matriculée 1863.

953 — Tunique d'infanterie, 2e régiment légion étrangère, 1867, modèle 1860, et veste idem.

954 — Costume de cantinière, du 1er régiment de zouaves. Veste, gilet, pantalon et jupe. Voir 1454.

965 — Habit-veste de cantinière du 56e de ligne. Voir 1455.

956 — Habit d'officier d'ordonnance de l'empereur. Drap bleu, broderies et boutons argent.

957 — Habit d'artilleur.

958 — Habit de pupille d'artillerie.

959 — Habit du génie.

960 — Habit de gendarme.

961 — Habit d'officier de marine.

962 — Habit de pharmacien militaire.

963 — Tunique de garde nationale à cheval. Voir Shapska et accessoires, n°

964 — Habit d'invalide, 1854. Voir chapeau, n°

965 — Veste et gilet de palefrenier de la maison de l'empereur. Forme postillon, drap marron, revers rouges. Brassard avec plaque : *Maison de S. M. l'Empereur. Service des écuries.* Boutons aux armes impériales.

HAUSSE-COL

RÉVOLUTION

971 — Hausse-col en cuivre avec trophée aux deux écussons (du roi et faisceau de licteur) : *la Nation, la Loi, le Roi.*

972 — Hausse-col d'officier de la garde nationale, cuivre doré, insigne en argent, trophée aux deux écussons : *République française. Droits de l'homme. Notre union fait notre force.*

973 — Hausse-col en cuivre avec figure de la République en argent. Sans légende

EMPIRE

974 — Hausse-col en cuivre doré, aigle couronnée en argent. Garde impériale.

975 — Hausse-col, fond cuivre doré, grenade en argent.

RESTAURATION

976 — Hausse-col, fond doré, armes de France et cor de chasse en argent. Restauration. Garde royale.

977 — Hausse-col d'officier de la garde royale infanterie suisse, fond cuivre doré, ornement argent.

978 — Idem, fond argent, ornement cuivre doré.

979 — Hausse col d'officier d'un régiment suisse, de la garde royale.

980 — Hausse-col, fond cuivre, trophée de drapeaux avec les armes de France.

LOUIS-PHILIPPE

981 — Hausse-col d'officier d'infanterie, fond cuivre, coq sur

des drapeaux, en argent.

982 — Hausse-col, fond cuivre avec coq en argent.

983 — Deux hausse-col, au coq. Cuivre.

984 — Hausse-col, coq sur attributs républicains, 1848.

985 — Hausse-col d'officier, garde nationale (1848).

SECOND EMPIRE

986 — Hausse-col d'officier de la garde impériale, fond cuivre doré, aigle en argent.

987 — Hausse-col d'officier de marine, fond et insigne, (ancre couronnée), en cuivre doré.

988 — Hausse-col d'officier d'infanterie légère.

989 — Deux hausse-col, cuivre, à l'aigle, l'une est couronnée, l'autre ne l'est pas.

990 — Deux hausse-col d'infant., couronne et glaives. (1872).

SABRETACHES

RÉVOLUTION

991 — Sabretache, fond drap bleu, broderie or, faisceau de licteur avec bonnet phrygien et les lettres *R. F.* (remontée).

991 *bis* — Sabretache de guide de la garde des consuls, entièrement brodée en couleurs sur drap écarlate. De toute rareté.

992 — Drap de sabretache de la garde des Consul. (En mauvais état).

992 *bis* — Sabretache du 11e hussards, consulat. Entièrement brodée en couleurs sur drap bleu ciel. Extrêmement rare.

EMPIRE

992 *ter* — Sabretache d'artillerie à cheval de la vieille garde, 1er empire. Entièrement brodée en couleurs sur drap bleu foncé. Très rare.

993 — Sabretache de sous-officier de chasseurs à cheval de la garde impériale. (Remontée).

994 — Sabretache de hussard, aigle en cuivre. (Voir la Giberne XI. 21.

995 — Sabretache d'officier de hussards. Aigle et couronne en cuivre doré; avec ceinturon et attaches en cuir noir, les plateaux à tête de lion en cuivre doré. Voir la Giberne X. 141.

996 — Sabretache de fantaisie d'officier de hussards, 7e régiment, en velours vert, galon d'or. Voir la Giberne X. 150.

997 — Deux cuirs de sabretache, dont une de hussard, 1er régiment. (Manquent les cuivres).

RESTAURATION

998 — Sabretache d'officier de hussards de la garde royale. Petite tenue (1815).

999 — Sabretache de hussard, 1er régiment. Drap rouge, broderies et galons blancs.

1000 — Sabretache de hussard, 5e régiment, matriculé 1822.

LOUIS-PHILIPPE

1001 — Sabretache d'officier de hussards, 6e régiment, avec attaches et ceinturon en cuir noir.

1002 — Sabretache de hussard, 6e régiment, avec ses attaches.

SECOND EMPIRE

1003 — Sabretache, avec son ceinturon, d'officier de guides de la garde impériale (grante tenue).

1004 — Sabretache d'officier de guides de la garde impériale, petite tenue.

1005 — Idem.

1006 — Sabretache de guide, garde impériale.

1007 — Sabretache de trompette de guides de la garde impériale.

1008 — Sabretache de sous-officier de guides de la garde impériale, avec attaches et ceinturon.

1009 — Sabretache d'artilleur, garde impériale, avec ses attaches.

1010 — Sabretache d'officier d'artillerie de la garde impériale, petite tenue.

1011 — Sabretache d'officier de hussards (aigle sans couronne).

1012 — Sabretache d'officier de hussards, grande tenue, avec ceinturon blanc.

1013 — Sabretache de hussard (aigle sans couronne).

1014 — Sabretache de hussard 2e empire, avec ceinturon et attaches.

1015 — Sabretache de chasseur à cheval, garde impériale, 2e empire.

1015 *bis* — Sabretache d'officier de chasseurs de la garde impériale, petite tenue.

1016 — Sabretache d'officier de hussards, aigle couronné, avec ceinturon.

1017 — Sabretache de fantaisie, fond drap vert, galons argent, plaque aux armes impériales, argentée.

1018 — 1020

1023 — Sabretache de petite tenue officier des guides, 2e empire. On joint le ceinturon.

1025 — Sabretache d'artillerie à cheval de la garde, 2e empire, avec ceinturon complet.

1026 — Sabretache de petite tenue des guides, officier, 2e empire.

1027 — Sabretache d'officier cavalerie légère 1852. On y joint le ceinturon complet.

GIBERNES, CEINTURONS, CEINTURES

Ancien Régime

1028 — Giberne de cavalerie, cuir rouge, avec lys en argent sur la pattelette; banderolle cuir rouge.

1029 Giberne d'officier, en cuir blanc, ornée d'une broderie représentant une fleur de lys entre deux L couronnées.

1030 — Giberne d'infanterie (coffret), époque Louis XV. Cuir brun.

1031 — Giberne du régiment de Gruyère, en cuir brun. (Voir la Giberne IV, 141).

Révolution

1032 — Ceinturon en cuir fauve, avec boucle ronde, au masque de lion, cuivre doré. (Voir le sabre n° 137).

1033 — Ceinturon de grande tenue d'officier de hussards, en cuir rouge et galon argent, les boucles et ornements, à tête de lion, en argent. (Voir le sabre n° 133).

Empire

1034 — Giberne d'officier de cavalerie, (lancier de la garde impériale?) 1er empire. Banderolle et coffret, cuir rouge. Très belle aigle sur la pattelette et ornement en cuivre doré.

1035 — Giberne de dragon, avec banderolle.

1036 — Giberne de grande tenue de.... Coffret en bronze doré avec grenade sur la pattelette-banderolle de cuir rouge recouverte d'un galon d'argent; ornements en bronze doré. Très belle.

1037 — Giberne (coffret) d'officier de cavalerie, aigle dorée sur la pattelette.

1038 — Giberne de garde d'honneur. (Manque l'aigle de la pattelette du coffret).

1039 — Ceinture d'officier d'artillerie à cheval. Garde impériale. Soie bleue et passants or. Grande tenue. Très belle.

1040 Ceinture de hussard.

1041 — Giberne et baudrier porte-hache de sapeur de la garde impériale.

1042 — Baudrier porte-hache de sapeur. Cuir blanc, grenade cuivre.

1043 — Giberne de voltigeurs d'infanterie légère. Cor avec grenade et quatre grenades aux angles de la pattelette. Baudrier en cuir blanc.

1044 — Baudrier de sabre, en buffle blanc.

1045 — Giberne d'infanterie, datée 1815.

1046 — Ceinturon en buffle blanc.

1047 — Ceinturon boucle à grenade.

RESTAURATION

1048 — Giberne de garde du corps, 5e compagnie, drap rouge, soleil en argent, 1er modèle (sans banderolle).

1050 — Giberne d'officier de cavalerie de la garde royale, avec sa banderolle. Les armes royales en cuivre doré, sur la pattelette.

1051 — Giberne (coffret) de hussard de la garde royale (?) pattelette entièrement en argent aux armes royales sur un trophée de drapeaux.

1052 — Giberne (coffret) de lancier, la pattelette entièrement en cuivre doré, écu aux armes royales, lances et drapeaux.

1053 — Giberne de cavalerie (troupe), avec sa banderolle en buffle, marquée 1822.

1054 — Giberne de la garde nationale à cheval, avec sa banderolle.

1055 — Giberne (coffret) de garde nationale à cheval, autre modèle.

1056 — Ceinture d'officier de hussards de la garde royale, petite tenue, cramoisi et noir.

1057 — Giberne.

1058 — Porte mousqueton de cavalerie id., buffle blanc, daté 1822.

1059 — Giberne d'infanterie, avec baudrier blanc, marquée 1817.

1060 — Giberne d'infanterie, avec fleur de lys en cuivre sur la pattelette; baudrier blanc.

1061 — Giberne d'infanterie, buffleterie blanches, datée 1816

1062 — Giberne d'infanterie suisse, 2e régiment, matriculée et datée 1825.

1063 — Giberne d'infanterie (coffret), matriculé et daté 1817.

1064 — Giberne de garde nationale, avec cor de chasse et grenade argent sur la pattelette, baudrier et porte bayonnette.

1065 — Ceinturon d'artilleur à pied, cuir blanc, plateaux en cuivre.

Louis-Philippe

1066 — Ceinture de hussard, 7e régiment, cramoisi et jaune.

1067 — Idem (1er régiment), cramoisi et blanc.

1068 — Idem, cramoisi, à passants bleu et ciel.

1069 — Ceinture de hussard, 6e régiment, tresses mêlés, rouge et vert foncé.

1070 — Baudrier porte sabre d'infanterie.

1071 — Giberne (coffret) d'officier de cavalerie (1830).

1072 — Giberne de garde nationale à cheval.

1073 — Ceinturon et giberne de médecin militaire; république 1848.

Second Empire

1074 — Giberne de dragon, garde impériale, avec banderolle.

1075 — Banderolle de giberne d'officier de dragons, garde impériale, grande tenue.

1076 — Giberne d'officier de dragons de la garde impériale, petite tenue.

1077 — Giberne (coffret) de dragon, garde impériale.

1078 — Giberne de guide garde impériale, avec sa banderolle,

1079 — Giberne de musicien de guides.

1080 — Giberne (coffret) de grande tenue d'officier de lanciers, garde impériale.

1081 — Giberne de cent gardes, avec banderolle.

1082 — Ceinturon pour épée de ville, de cent gardes.

1083 — Giberne d'artilleur, garde impériale, (marquée : Vacherot a Landerneau).

1084 — Giberne de gendarme de la garde impériale, marquée : *Taconet et Cie*. avec sa banderolle.

1085 — Giberne (coffret) de gendarme de la garde impériale

1086 — Baudrier de sabre, cuir jaune, de gendarme de la garde impériale.

1087 — Giberne de grenadier de la garde impériale, avec baudrier.

1088 — Couvre giberne en toile, de voltigeur, garde impériale.

1089 — Ceinturon de grande tenue pour épée de ville d'officier de chasseurs de la garde impériale.

1090 — Giberne de cuirassier, 4e régiment, avec banderolle.

1091 — Giberne de cuirassier, 4e régiment, avec ornements sur la pattelette.

1092 — Ceinture de hussard, cramoisi et blanc.

1093 — Idem.

1094 — Idem d'officier, cramoisi et argent.

1095 — Banderolle double pour la giberne et le mousqueton et lanière avec baguette, marquée : *Taconet et Cie*. Voir mousqueton n° 518.

1096 — Giberne dite à rouleaux de chasseur à cheval, 1859.

1097 — Giberne de dragon, 17e régiment, avec sa banderolle.

1098 — Giberne dite à rouleaux, 4e dragon, 1854.

1099 — Giberne d'officier de spahis, grande tenue, avec sa banderolle; emblêmes et garniture bronze doré; très belle.

1100 — Giberne d'officier de spahis, autre type, petite tenue.

1101 — Ceinturon, grande tenue, d'officier de spahis, cuir rouge, plateaux cuivre doré, (manque l'ardillon des boucles).

1102 — Giberne de grande tenue d'officier de lanciers, avec sa banderolle.

1103 — Giberne d'officier de lanciers, petite tenue.

1104 — Ceinturon de grande tenue d'officier de lanciers.

1105 — Giberne de lancier, avec banderolle.

1106 — Giberne (coffret) de cavalerie, avec grenade sur la pattelette marquée : *A. Godillot à Paris.*

1107 — Giberne d'officier de cavalerie, petite tenue

1108 — Quatre gibernes d'officiers de hussards, de dragons, d'artillerie, de chasseurs à cheval.

1109 — Giberne d'artilleur, avec banderolle.

1110 — Giberne (coffret) d'artillerie.

1111 — Giberne et ceinturon de gendarmerie.

1112 — Ceinturon de tambour major d'infanterie, 66e rég. modèle 1860 (fond jaune).

1113 — Collier de tambour major d'infanterie (fond rouge).

1114 — Ceinturon, cuir noir, de sapeur d'infanterie.

1115 — Ceinturon d'officier d'infanterie, grande tenue.

1116 — Ceinturon d'officier d'infanterie, modèle 1860.

1117 — Idem d'officier de marine.

1118 — Giberne d'infanterie, 96e régiment.

1119 — Ceinturon d'infanterie avec cartouchière et support de sabre, modèle 1855 (et sabre glaive).

1120 — Giberne d'artillerie de marine, avec sa banderolle.

1121 — Giberne de garde nationale à cheval, avec banderolle.

1122 — Giberne de garde nationale (de Paris).

1123 — Giberne de garde nationale, avec buffleterie blanche.

1124 — Cartouchière et ceinturon, cuir blanc, de garde nationale sédentaire. Plaque à l'aigle, cuivre doré.

1225 — Giberne de garde nationale mobilisée. Sans banderolle.

1126-1127 — Pièces omises.

1128 — Giberne d'officier de carabiniers, 1er Empire, banderolle et coffret en maroquin grenat, sur la pattelette un soleil argenté, sur l'écusson de banderolle l'aigle couronné. En très bon état. Pièce de toute rareté.

1129 — Idem officier de cavalerie légère, Louis Philippe. Avec sa banderolle.

1130 — Idem garde nationale à cheval de province, même époque. Avec sa banderolle.

1131 — Idem officier de la garde nationale à cheval parisienne, grande et petite tenue, Louis Philippe. Avec leurs banderolles.

1132 — Idem officier de lanciers de la garde, 2me Empire, petite tenue. Avec sa banderolle.

1133 — Idem officier des guides, 2me Empire, petite tenue. Avec sa banderolle.

1134 — Idem officier de cavalerie légère, fin du 1er Empire. Avec sa banderolle. Garnitures figurant l'aigle couronné, argenté sur cuir noir. Cette giberne peut être attribuée aux officiers de chasseurs à cheval.

1135 — Idem garde du corps, compagnie de Gramont. Sans sa banderolle. Pattelette en drap vert au soleil en argent.

1136 — Idem dragon, 1er Empire. Avec sa banderolle.

1137 — Idem grenadier de la garde, 2me Empire. Avec sa banderolle en buffle blanc.

1138 – Ceinturon d'officier d'infanterie de la garde impériale, 1er Empire, pour le sabre court. En cuir blanc très large, porte épée estampée en relief d'un sujet de fantaisie, plateaux de bronze ciselé à l'aigle impérial couronné.

1139 — Idem en maroquin vert brodé argent au passé, pour l'épée de ville, système d'attache à crochet.

1140 — Idem artillerie à cheval, 2me Empire. — Sapeur. — Officier des guides. — Officier de cavalerie légère, 1852.

EPAULETTES

Ancien Régime

1141 — Epaulette de lieutenant, époque Louis XVI.

1142 — Epaulettes d'officier (or).

1143 — Très petites épaulettes en argent.

Empire

1144 — Epaulettes de général de brigade.

1145 — Epaulettes d'officier supérieur, argent (le dessus entièrement brodé). Voir n°

1146 — Epaulettes en or sur fond jaune, le dessus traversé par une bande jaune.

1147 — Epaulettes en laine rouge, d'infanterie.

1148 — Idem.

1149 — Idem.

Restauration

1150 — Epaulettes et aiguillettes de mousquetaire gris.

1151 — Epaulettes de garde du corps, petite tenue. (En mauvais état).

1152 — Epaulettes d'infanterie suisse, garde royale. Deux paires.

1153 — Epaulettes d'officier supérieur.

1154 — Epaulettes de lieutenant.

1155 — Epaulettes d'officier supérieur, ornées sur la patte d'une fleur de lys en or. Tournantes et franges en or.

1156 — Epaulettes de lieutenant de légion départementale. En argent avec lozanges en soie rouge.

1157 — Deux paires d'épaulettes indéterminées, argent et or.

1158 — Epaulettes de grenadier, infanterie suisse de la garde royale. Blanches à tournantes rouges.

1159 — Epaulettes de capitaine adjudant-major, argent et franges d'or. Bouton-grelot à fleur de lys d'or.

1160 — Contre-épaulettes jaune-jonquille, passepoil bleu.

1161 — Contre-épaulettes rouge ponceau, passe-poil bleu.

1162 — Contre-épaulettes de musicien de la garde nationale. Cuivre argenté.

Louis-Philippe

1163 — Contre-épaulettes de chasseur d'Afrique. Modèle 1847. (Avec cor).

1164 — Idem. (Sans cor). Modèle 1832.

1165 — Epaulettes de capitaine d'infanterie. 29e rég.

1166 — Quatre paires d'épaulettes diverses.

SECOND EMPIRE

1167 — Epaulettes et aiguillettes de cent gardes. Matricule.

1168 — Epaulettes de sous-officier de carabiniers.

1169 — Epaulettes et aiguillettes de lancier de la garde impériale.

1170 — Trèfles et aiguillettes de gendarme de la garde impériale.

1171 — Epaulettes de voltigeur de la garde impériale.

1172 — Idem.

1173 — Epaulettes d'officier supérieur de chasseurs à cheval, bouton argent, avec le n° 8, dans un cor de chasse.

1174 — Epaulettes de lieutenant de cuirassiers.

1175 — Epaulette d'officier supérieur (argent).

1176 — Epaulettes de trompette de lancier (rouge), argent avec bande de laine rouge sur le dessus.

1177 — Epaulettes de trompette de lanciers (jaune), avec bande jaune.

1177 *bis* — Epaulette de trompette de dragons, avec bande verte.

1178 — Epaulettes de tambour-major d'un régiment de ligne. Modèle 1860, à fond jaune.

1179 — Epaulettes d'infanterie, modèle 1860.

1180 — Epaulettes vertes à tournantes noires. Matricule.

1181 — Cinq paires d'épaulettes variées.

1182 — Quatre paires d'épaulettes variées.

1183 — Epaulettes (argent) officier de chasseurs à cheval, 15e régiment.

1184 — Epaulettes vertes à tournantes rouges. Matricule.

1185 —

1186 — Epaulettes en or d'officier de marine, dans leur boîte d'origine. 2e Empire.

1187 — Idem de trompette de carabinier et de lancier.

1188 — Idem de sous-officier des grenadiers de la garde nationale. — De caporal de la garde nationale Louis-Philippe.

1189 — Epaulettes, service du grand veneur, 1er empire. Corps en drap vert. orné d'un cor de chasse brodé argent; tournantes mi-partie argent et laine verte; mode d'attache à crochet; attentes d'épaulettes en passementerie argent cousues à même le corps de l'épaulette. On y joint un des boutons de la vénerie impériale, l'autre manque.

1190 — Epaulette et contre-épaulette richement brodées de capitaine de cuirassiers. Dépareillées. 1er Empire.

1191 — Epaulettes de sergent-major de grenadiers; contre épaulettes argent de la garde nationale Louis-Philippe. Epaulettes de trompette-major de lanciers. 2e Empire.

1192 — Cordon fourragère d'officier des lanciers de la garde, grande tenue, idem.

1193 — Epaulettes de commandant de recrutement ou d'officier retraité, en or, idem.

1194 — Epaulettes de capitaine d'infanterie légère, 1er Empire.

1195 — Epaulettes de capitaine de cuirassiers. Le dessus est orné d'une très riche broderie, 1er Empire.

1196 — Epaulettes et aiguillettes de lieutenant-colonel officier d'ordonnance de l'Empereur. Dans sa boîte d'origine. Riche broderie sur le dessus, doublure en velours bleu de ciel. Superbes pièces en parfait état. 2me Empire.

1197 — Cordon fourragère rouge et or de sous-officier d'artillerie à cheval. Louis Philippe.

1198 — Aiguillettes d'officier du corps d'état-major, 1872-1880.

1199 — Ornements de retroussis d'officier de dragons de la garde, 1er Empire, et Aigles brodés en argent sur drap vert.

AIGUILLETTES, FOURRAGÈRES

Révolution, Empire et République 1848

1201 — Aiguillettes en argent, les ferrets ornés de faisceaux de licteur 1848.

1202 — Cordons et raquettes blancs de bonnet à poil, 1er Emp.

1203 — Idem en argent, très beaux.

1204 — Aiguillettes et ferrets d'aiguillettes divers. — Aiguillettes d'élève de l'école de Joinville, Louis-Philippe.

Second Empire

1206 — Fourragères à tresses de guide, garde impériale.

1207 — Fourragères à tresses du train des équipages, garde impériale.

1208 — Fourragères à tresses de chasseur à cheval, garde impériale.

1209 — Fourragères à tresses d'artillerie de la garde impériale.

1210 — Cordons et raquettes de bonnet à poil, officier de grenadiers, garde impériale.

1211 — Idem de grenadier. Coton blanc.

1213 — Lot de fourragères et aiguillettes diverses.

1214 — Aiguillettes avec ferrets en cuivre doré, timbrés de lettres N couronné.

1216 — Deux cordons à nattes de bonnet à poil et raquettes rouges. — Un idem blanc.

1217 — Lot de fourragères (rouges, blanches, jaunes).

1218 — Un lot de ferrets d'aiguillettes de sept modèles différents, dorés et argentés.

1219 — Aiguillettes en argent et en fil blanc, de six modèles variés.

1220 — Lot de cordons de coiffures, divers.

1221 — Aiguillettes en laine rouge, trois modèles variés.

1222 — Idem, idem.

PLUMETS

1223 — Grand plumet blanc en plumes de vautour, (dans son carton d'origine), 1er Empire.

1224 — Deux grands plumets droits, en crin rouge, vert à la base.

1225 — Deux grands plumets verts et un rouge.

1226 — Plumet de trompette de guide, garde impériale, 2me Empire.

1227 — Plumet rouge à base jaune, (houppe de casque).

1228 — Un lot de quatre plumets tricolores, droits.

1229 — Trois plumets tricolores à plumes retombantes.

1230 — Lot de pompons.

1231 — Idem pompons et plumets.

1232 — Un lot de plumets, fourragères, cordons de bonnets à poil, pompons, giberne, aiguillettes, etc.

1233 — Plumet en crin, vert à la base, rouge au sommet, de voltigeur du 30e de ligne, 1er Empire. Il est monté sur une grenade de cuivre jaune portant le n° 30, avec la plaque de shako et le livret du titulaire.

1234 — Trois plumets du 1er Empire, en vautour, *a*) Vert à tête rouge (officier des gardes d'honneur de la garde, 1er régiment); *b*) Vert foncé (officier d'infanterie légère); *c*) Rouge à tête verte. — On y joint : Un plumet tricolore de chapeau d'officier d'état-major, Ls. Ph. — Une ceinture cramoisie d'officier des hussards de la garde royale, petite tenue. — Un cordon fourragère des chasseurs à cheval de la garde, 2me Empire. — Tous ces objets sont en très bon état.

OBJETS DIVERS ET SACS

1235 — Gourde d'un sergent du régiment de Provence en 1770, formée d'une callebasse gravée. Figures de soldat. Ornements et inscriptions : *Vive le Roy. Rossignol. sergent 1770. Vive Bacus et son divin jus. Régiment de Provence.* Garniture en argent, ancien régime. Pièce très curieuse fort bien conservée.

1236 — Gourde en fer blanc, de cavalerie, 1er empire.

1237 — Gourde de cavalerie, 2e empire.

1238 — Canne de tambour-maître du 21e régiment de chasseurs à pied, aigle en relief sur le sommet de la pomme et inscription autour de celle-ci, 2e Empire.

1239 — Bèche avec sa gaine et sa bretelle, matriculée 1868.

1240 — Canne de tambour-major du 67e de ligne. Matriculée : 4e trimestre 1848. Pommeau orné d'un aigle soudé très probablement sur un pommeau antérieur, figurant le coq gaulois.

1241 — Tambour du premier empire. — Canne du tambour-major de la garde nationale de Lille. Cette pièce sera comprise dans le n° 681.

1242 — Sac à balles, cuir blanc, avec légère broderie argent. Ancien régime.

1243 — Sac de gendarme de la garde impériale, 2e Empire.

1244 — Sac d'infanterie de ligne avec gamelle, idem.

1245 — Sac d'infanterie de ligne, idem.

1246 — Idem.

1247 — Idem (sapeur).

1248 — Sac de garde nationale.

1249 Tablier en cuir blanc de sapeur d'infanterie. Matriculé.

1250 — Gaîne de jumelles d'officier d'artillerie.

CLAIRONS, INSTRUMENTS DE MUSIQUE ET TONNELETS DE CANTINIÈRE

1251 — Longue trompette de guide, 2e empire.

1252 — Trompette de cavalerie, avec son cordon; marquée *Halari*. 2e empire.

1253 Trompette de cavalerie, avec son cordon.

1254 — Cornet d'infanterie.

1255 — Clairon d'infanterie. Marqué 1862. c. 8.

1256 — Cymbales, 1er empire.

1257 — Bonnet chinois de musique militaire, la tige dans le croissant, entourée d'un serpent enroulé, argenté. Très belle pièce.

1258 — Bonnet chinois de musique militaire.

1259 — Idem, surmonté d'un lion debout. (Belgique).

1260 — Pavillon de trompette terminé en tête de serpent.

1261 — Clairon de troupe, 2e empire, avec son cordon. Il porte gravée l'inscription : Sax, Paris. 9e bat. 10-55.

1262 — Tambour 1er Empire avec buffleterie et baguettes.

1263 — Tonnelet de cantinière des gardes françaises époque Louis XVI, en cuivre; porte les inscriptions : *1er rég. gardes françaises. 2e c. Toinette Boilot.*

1264 — Tonnelet de cantinière, 32e de ligne, en bois, peint aux couleurs nationales et orné de l'aigle impériale; cerclé en cuivre. Avec sa banderolle. 2e Empire.

1265 — Tonnelet de cantinière en bois, peint aux couleurs nationales (repeint) garniture cuivre, idem.

1266 — Panier de cantinière en cuivre.

1267 — Tonnelet de cantinière de la garde nationale de Paris. 150e bataillon, 2e empire.

1268 — Tonnelet de cantinière, 1er régiment de zouaves, en fer blanc peint aux couleurs nationales et avec inscriptions. Avec sa banderolle. Très beau.

1269 — Tonneau avec banderolle de cantinière de pompiers. Louis-Philippe. On y joint un poignard de cantinière (le fourreau manque).

BOTTES, GANTS ET ACCESSOIRES DE CHEVAL

1270 — Bottes de cuirassier, modèle 1724, à entonnoir. Epoque Louis XV. Très rares et très belles. (L'éperon et son support manquent à l'une d'elles).

1271 — Paire de houseaux, broderie sur le dessus du pied. En très bon état. Ancien régime.

1272 — Houseaux de dragon, 1er Empire.

1273 — Idem.

1274 — Paire de bottes de courrier.

1275 — Bottes fortes, matriculées. 2e Empire.

1276 — Bottes d'ordonnance de lancier. Garde impériale. Matriculées.

1277 — Bottes fortes (de Bataire, fournisseur de l'Empereur).

1278 — Bottes de cent gardes. L'empeigne a été renouvelée. Matriculées.

1279 — Molletières d'infanterie. Modèle 1860.

1280 — Idem.

1281 — Gants crispin de cuirassier, 5e régiment.

1282 — Gants crispin, en peau noire (matriculés).

1283 — Gants crispin (blancs).

1284 — Idem.

1285-6.

1287 — Croix (brodée) de chabraque de mousquetaire noir. 1814.

1288 — Ornement de chabraque de trompotte de hussard, garde royale, (armes de France brodées en rouge sur fond bleu).

1289 — Deux rosettes de cheval, de mousquetaire gris et de mousquetaire noir.

1290 — Couvre fontes de grande tenue de mousquetaire gris.

1291 — Couvre-fontes d'artillerie, garde impériale. 2ᵉ Empire.

1292 — Fontes et couvre-fontes de général (petite tenue), galons rouges, aigle impériale et couronne en cuivre, peau de tigre (le poil a été mangé).

1293 — Fontes et couvre-fontes d'intendant, grande tenue. cuir rouge, galons argent, peau de tigre.

1294 — Chabraque et couvre-fontes de trompette de guides. Garde impériale.

1295 — Chabraque et couvre-fontes de gendarmerie.

1296 — Porte-manteau de cuirassier, 3ᵉ régiment.

1297 — Porte-manteau de chasseur à cheval de la garde impériale.

1298 — Porte-manteau de carabinier, 1834, Louis-Philippe.

1299 — Mors de cheval de cuirassier, artilleur, lancier, chasseur, 2ᵉ Empire.

1300 — Mors de cheval de guide. Garde impériale.

1301 — Un lot de mors de chevaux divers.

1302 — Lot d'étriers divers.

1303 — Lot de pièces diverses de harnais de cheval.

1304 — Eperons en cuivre, large bande à rosaces et tête barbue à triple visage.

1305 — Eperons de cent gardes. 2e Empire.

1306 — Lot d'éperons divers.

DÉCORATIONS, MÉDAILLES

1307 — Croix de la légion d'honneur, 1er type (grosse tête) (sans couronne).

1308 — Idem, 3e type (avec couronne).

1309 — Idem, 4e type, les pointes de l'étoile à boules.

1310 — Idem. Restauration.

1311 — Idem. Louis-Philippe.

1312 — Idem. 2e Empire.

1313 — Décoration du lys, pour la garde nationale de Paris. Restauration.

1314 — Croix de Saint-Louis (or et émaux). Très belle.

1315 — Médaille de Sainte-Hélène (dans sa boîte d'origine).

1316 — Médaille de Sainte-Hélène.

1317 — Idem avec sa réduction.

1318 — Médaille militaire. 2e Empire.

1319 — Médaille militaire, campagne du Mexique.

1320 — Idem (Maximilien).

1321 — Médaille de la campagne d'Italie.

1322 — Médaille de la campagne de Chine.

1323 — Médaille de la campagne de Crimée (Victoria).

1324 — Croix de Mentana

1325 — Médaillon de vétérance, époque Louis XVI.

1326 — Médaille de cantinière avec inscription : *12e régim. d'infanterie, 4e bataillon, 1re compagnie. Cantinière.* Cuivre. 1er Empire.

1327 — Médaille de cantinière : *12e régim. d'infanterie, 5e bataillon, compagnie de voltigeurs. Madame Dubois, cantinière, 1810.*

1328 — Un lot d'ornements de retroussis, Révolution et 1er Empire, où l'on voit notamment des ornements de retroussis triangulaires en drap rouge brodés des mots : *Liberté et Constitution.*

1329 — Un lot de décorations diverses dont la liste suit : Une médaille commémorative allemande de 1870-1871 avec son ruban jaune et rouge. — Deux médailles grand et petit modèle, campagne du Mexique. — Idem, de Crimée. — Idem, d'Italie. — Une médaille grand modèle, campagne d'Italie. — Deux médailles grand et petit modèle, dit souvenir de Sainte-Hélène. — Une médaille militaire, modèle du 2e Empire. — Une médaille de Chine, 3e République. — Une médaille « au mérite ». Restauration.

1330 — Flamme de trompette de hussard, petite tenue, fond rouge avec aigle et couronne en broderie jaune, franges jaunes. 1er Empire.

1331 — Fanion de bataillon, en soie tricolore, avec cornet au centre et n° I et coq aux quatre angles, peint et doré. Louis-Philippe.

CUIVRERIE, PLAQUES, ETC.

1332 — Plaque de giberne d'infanterie, ovale, en cuivre, aux armes de France, couronnées, sur des drapeaux, époque Louis XVI.

1333 — Plaque de shako d'infanterie (114e) cuivre à losange, 1er empire.

1334 — Plaque de shako d'infanterie; aigle sur un soubassement, sans numéro, cuivre.

1335 — Idem, idem.

1336 — Plaque de bonnet à poil, aigle peint sur une plaque de fer blanc, 1815.

1337 — Plaque de shako de garde-chiourme, cuivre doré.

1338 — Aigle de sabretache, cuivre.

1339 — Plaque de sabretache d'officier de chasseurs à cheval, garde impériale, petite tenue.

1340 — Plaque (argentée) de bonnet à poil de grenadier de la garde royale. Grenade avec le chiffre 6. Restauration.

1341 — Plaque de bonnet à poil de sous-officier de grenadier de la garde nationale (fleur de lys entre deux L croisées et couronne). Cuivre argenté.

1342 — Plaque de sabretache hussard, 1er régiment, Louis-Philppe.

1343 — Plaque de shako de chasseur de la garde nationale des communes 1830 (coq dans un cor de chasse).

1344 — Plaque de shapska de garde nationale à cheval de Paris. N° 13. République 1848.

1345 — Plaque de ceinturon de cent gardes, 2e empire.

1346 — Plateaux de ceinturon d'officier de zouaves. Cuivre doré.

1347 — Plateaux de ceinturon, à tête de guerrier, cuivre doré.

1348 — Plaque de banderolle de giberne, gendarmerie de la garde impériale, 2e empire.

1349 — Plaque de giberne de cent gardes.

1350 — Plaque de shapska de lanciers, 3e régiment.

1351 — Idem, 7e régiment.

1352 — Plaque de shapska d'officier de lanciers, 7e régiment.

1352 *bis* — Idem, 3e régiment.

1353 — Plaque de ceinturon de lanciers.

1354 — Plaque de ceinturon d'officier de lanciers.

1355 — Plaque de bonnet à poil de grenadier, 2e régiment.

1356 — Plaque de sabretache de hussard (aigle sans couronne).

1357 - Plaque de sabretache d'artillerie de la garde impériale.

1358 — Plateaux de ceinturon d'officier d'artillerie.

1359 — Plaque de ceinturon du génie, officier et soldat, (marquée Godillot).

1359 *bis* — Boucles de ceinturon, garde nationale.

1360 — Lot de plaques et boucles diverses.

1361 — Pointe de drapeau en cuivre, avec le chiffre I découpé dans la lame. 1er Empire.

1362 — Pointe de drapeau, bronze doré, la lame ajourée, avec fleurs de lys au centre. Restauration.

1363 — Hampe de drapeau, cuivre argenté, ornée de fleurs de lys en relief (démontée).

1364 — Plaque de shako du 116e de ligne, modèle à soubassement. 1er Empire.

1365 — Plaque de shako du 43e de ligne. Restauration.

1366 — Plaque de bonnet à poil de grenadier de la garde royale. Restauration.

1367 — Ecusson de banderolle de tambour major, richement ciselé. Les baguettes manquent.

1368 — Plaque de shako de l'école spéciale militaire de St-Cyr, modèle à soubassement. Dans le cartouche les lettres E. S. M. entrelacées. Louis Philippe.

1369 — Plaque de shako de canonnier sédentaire de Lille.

1370 — Plaque de giberne de la garde municipale de Paris.

1371 — Hausse-col d'officier d'infanterie de la garde royale. Restauration. — Idem garde impériale. 2me Empire.

1372 — Hausse col d'officier d'infanterie de marine, Restauration, et officier de ligne, Louis Philippe.

1373 — Hausse col d'officier d'infanterie de ligne, 1848.

1374 — Hausse d'officier d'infanterie de la garde, 1er Empire.

1375 — Quatre hausse cols, une plaque de ceinturon, trois grenades et ornement de giberne. Divers.

1376 — Sept plaques de ceinturon diverses, un hausse col d'officier d'artillerie. Louis Philippe.

1377 — Plaque de shako, garde municipale de Paris, et de shapska, 7me lanciers. 2me Empire.

1378 — Cinq plaques de ceinturon diverses et un hausse col. Louis-Philippe.

1379 — Plaque de grenadier 2e de ligne, losange, 1er empire.

1380 — Un lot de plaques de ceinturon, 2e empire.

1381 — Plaque de shako du 37e de ligne, à soubassement, 1er empire.

1382 — Idem. Restauration.

DIVERS

1383 — Beau médaillon en bronze fondu et ciselé, au buste de Napoléon Ier (9 centimètres de diamètre).

1384 — Grand médaillon en cuivre fondu et ciselé, représentant Napoléon Ier et Joséphine, en buste (18 centimètres de diamètre).

1385 — Plaque en cuivre fondu et ciselé : la garde impériale à Waterloo, avec inscription : ***N. de D. la garde meurt, mais elle ne se rend pas*** (18 × 17 c.).

1386 — Ecusson de voiture en cuivre argenté, aux armes impériales, 2ᵉ empire.

1387 — Beau panneau en bois sculpté et doré, aux armes impériales. 2ᵉ empire. Provient d'une porte du palais des Tuileries.

1388 — Panneau en bois sculpté, trophée d'armes au coq et banderolle. 46ᵉ régiment d'infanterie. Louis Philippe.

1389 — Sceau en cuivre du régiment infanterie de Flandre. Les armes royales sur un fond de drapeaux et légende circulaire. Monarchie.

1390 — Cachet militaire 18ᵉ siècle (argent). Armoiries sur trophées d'armes.

1391 — Cachet militaire. Cavalier chargeant.

1392 — Timbre humide : *Inspection générale de cavalerie.* 2ᵉ empire.

1393 — Tabatière en forme de petit chapeau en corne. 1ᵉʳ empire.

1394 — Tabatière en forme de chapeau de ville de grenadier. 2ᵉ empire.

1395 — Statuette de Napoléon, sur une colonne, en étain, hauteur de 30 centim.

1396 — Portefeuille, cuir repoussé, décoré de sujets divers : Napoléon à Sainte-Hélène, le général Chassé.

1397 — Bout de hampe formé d'une aigle aux ailes déployées, cuivre argenté (8 × 17 c.), 1ᵉʳ empire.

1398 — Presse-papier en marbre, avec une statue assise de grenadier. Bronze doré. Hauteur 9 c.

1399 — Très petite statuette de Napoléon Iᵉʳ sur un socle, hauteur 9 c.

1400 — Cuiller-fourchette de troupe, en une seule pièce, cuivre, marquée : *3ᵉ rég. 2ᵉ c. nº 93.*

1401 — Nécessaire de soldat pour le nettoyage des armes et nécessaire à coudre (4 pièces).

1402 — Modèle d'obusier en cuivre sur affût; grandeur totale 30 centimètres.

1403 — Bombe Orsini.

1404 — Deux cartouches de mitrailleuse (1870).

1405 — Portrait d'un soldat du 19e d'infanterie, 1806; peinture à l'huile, sur bois, (52 × 38 cent.), 1er empire.

1406 — Tableau peint à l'huile : Portrait d'un musicien de lanciers de la garde impériale (40 × 50 c.). 2e Empire.

1407 — Très grande image d'Epinal, représentant le prince impérial en uniforme de grenadier; 1860. Encadrée 135 × 54.

1408 à 1414 — Sous ce numéro et les suivants seront vendus les objets omis dans le présent inventaire et dont la valeur particulière ne justifie point un numéro du catalogue.

ENSEMBLES ET COSTUMES

1415	RESTAURATION	Soldat de la garde royale suisse. Shako 628, habit 840.
1416	»	Soldat d'infanterie (1820). Shako 630, habit 846, pantalon 847
1417	»	Maréchal de camp. Chapeau 634 habit de grande tenue 830.
1418	»	Artilleur (1825). Shako 627, habit 853, ceinturon 1065.
1419	LOUIS-PHILIPPE	Chasseur à cheval 1843. Colbak avec cordon et fourragères 642, habit 860 et pantalon de cheval.
1420	»	Hussard. Shako 646, dolman 865.

1421 » Lancier (1837).
Shapska 653, kurtha 863.

1422 » Officier d'infanterie 1830.
Shako 648, habit 868, avec épaulettes et hausse-col.

1423 » Soldat d'infanterie de marine.
Shako 650, habit 871.

1424 » Marin des équipages de la ligne.
Chapeau 657, veste 872 et pantalon toile, ceinturon.

1425 » Garde nationale 1830.
Shako 664, habit 876.

1426 » Garde nationale mobile 1848.
Shako 669, tunique 878 et pantalon

1427 SECOND EMPIRE Cent gardes.

Casque 715, cuirasse 553, tunique 881, culottes de peau 853, pantalon de ville 881, couvre-culottes 884, épaulettes et aiguillettes 1167, veste de manœuvre 882, giberne 1081, bottes 1278, éperons 1305.

1428 » Cuirassier de la garde impériale.
Casque 712, cuirasse 559, tunique 889.

1429 » Dragon garde impériale.
Casque 711, habit 890, pantalons.

1430 » Lancier, garde impériale.
Shapska 719, kurtka 894, fourragères, pantalon 894, giberne, ceinturon, sabre.

1431 » Chasseur à cheval, garde impériale.
Talpak 722, dolman 895, tresses-fourragères, pantalon, sabretache 1015.

1432 » Guide, garde impériale.
Colbak 720, dolman 896, pelisse 895, tresses-fourragères, giberne 1078, cein-

turon, sabretache 1006, sabre.

1433 » Artilleur, garde impériale 1860.
Talpak 723, dolman 901, tresses, giberne 1083, ceinturon, sabretache 1009.

1434 » Soldat du train des équipages, gard. imp.
Shako, 725, dolman 903, tresses-fourragères.

1435 » Officier de voltigeurs, garde imp. 1853.
Shako 726, habit 905, épaulettes et hausse-col, pantalons, sabre 470 et porte-sabre.

1436 » Grenadier, garde impériale 1854.
Bonnet à poil 908, habit 1087, giberne-baudrier et sabre.

1437 » Gredadier, garde impériale, 1860.
Bonnet à poil 729, tunique 909, épaulettes, ceinturon avec sabre 1437, pantalons 910.

1438 » Voltigeur, garde impériale 1860.
Shako 727, tunique avec épaulettes 911.

1439 » Chasseur à pied, garde impériale.
Shako 732, basquine 913.

1440 » Zouave, garde impériale.
Veste, gilet, pantalon 914.

1441 » Gendarme, garde impériale.
Bonnet à poil 730, habit 915, pantalon, buffleteries et giberne 1084, épaulettes et aiguillettes, sac 1243

1443 » Dragon (jaune).
Casque 736, habit 719, pantalon, giberne 1098.

1445 » Chasseur à cheval.
Talpak 744, dolman 924, pantalon 925, giberne 1096, ceint^{n}, sabretache 1013.

1446 » Hussard 1859.

Talpak 740, dolman 929, pantalon 937, ceinture 1093, banderolle de giberne et porte-mousqueton 1095, sabretache avec ceinturon 1014.

1447 » Officier de spahis.
Képi 758, dolman 938, gilet, pantalons, écharpe de service, giberne 1100.

1448 » Sapeur d'infanterie, 1869.
Bonnet à poil 770, tunique 941, pantalon, tablier en cuir 1249, ceinturon, sac 1247, hache 474.

1449 » Tambour-major d'infanterie, 1860.
Bonnet à poil 768, tunique 942, épaulettes 1178, ceinturon 1112, collier 1113.

1450 » Tambour-major 1871.
Shako 769, tunique 943, sabre.

1451 » Soldat d'infanterie 1855.
Shako 773, tunique 946, pantalon, ceinturon 1119.

1452 » Soldat d'infanterie 1860.
Shako 774, tunique 948, pantalon 949, guêtres, ceinturon.

1453 » Chasseur forestier.
Shako 760, tunique-veste 951.

1454 » Cantinière de zouaves. 3e République.
Veste, gilet, jupe, pantalon 954, tonnelet 1268 et petit sabre 482.

1455 » Cantinière d'infanterie.
Chapeau 771, tunique 965, tonnelet 1264.

1456 » Garde nationale à cheval.
Shapska 781, tunique 963, giberne.

1457 » Invalide. 1854.
Chapeau 762, habit 964.

TABLE

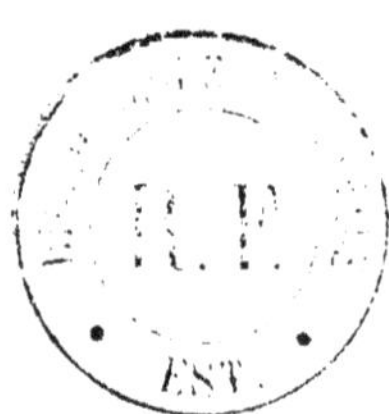

www.ingramcontent.com/pod-product-compliance
Ingram Content Group UK Ltd.
Pitfield, Milton Keynes, MK11 3LW, UK
UKHW020330180726
13839UKWH00002B/630